5G+教育

5G时代的教育变革

赵帅 编著

机械工业出版社

随着5G在各行各业的应用，人工智能、物联网、云计算、大数据和边缘计算等技术将从根本上改变传统的教育模式：打破时间、空间等客观环境的限制，推动教学方式的智能化、普适化，培养学习行为的个性化、人性化，实现教育生态的轻平台和重连接。

本书探讨了5G在虚拟现实、远程教育、智慧校园和人工智能等场景下的应用，以5G通信技术的革新为基础，以5G教育的实施案例为佐证，从代表产品、核心功能和发展趋势等方面对5G时代的教育应用进行了系统阐述。可以预见，云计算、大数据、人工智能、虚拟现实等技术与教育的融合将推动教育行业向更加智能和科学的方向发展，给教师、学生和家长带来更多新的体验。

在此过程中，通信运营商、科技公司和教育公司都深度参与其中，书中通过各种场景下的实施案例，对于教育行业未来的发展趋势及产业布局进行了预测和判断，希望可以为通信行业和教育行业的从业者提供参考。

图书在版编目（CIP）数据

5G+教育：5G时代的教育变革 / 赵帅编著. — 北京：机械工业出版社，2022.1
ISBN 978-7-111-69968-2

Ⅰ. ①5… Ⅱ. ①赵… Ⅲ. ①教育现代化 Ⅳ. ① G4

中国版本图书馆CIP数据核字（2021）第267500号

机械工业出版社（北京市百万庄大街22号 邮政编码100037）
策划编辑：蔡欣欣　　　　　　责任编辑：蔡欣欣
责任校对：张　力　贾立萍　　责任印制：郜　敏
三河市宏达印刷有限公司印刷

2022年4月第1版第1次印刷
169mm×239mm・15.5印张・190千字
标准书号：ISBN 978-7-111-69968-2
定价：79.00元

电话服务　　　　　　　　　网络服务
客服电话：010-88361066　　机 工 官 网：www.cmpbook.com
　　　　　010-88379833　　机 工 官 博：weibo.com/cmp1952
　　　　　010-68326294　　金 书 网：www.golden-book.com
封底无防伪标均为盗版　　　机工教育服务网：www.cmpedu.com

推荐序
Preface

在过去的二十多年里,随着我国移动通信行业的迅猛发展和产业的快速崛起,教育信息化也产生了前所未有的变革。本书的两大关键词"5G"和"教育",一个新锐,一个传统,在书中碰撞出时代的火花。从移动通信和教育的不解之缘,到5G时代的教育模式、教育信息化的深刻变革,再到重新审视教育面临的挑战,作者以一个电信人的视角层层剥开"5G+教育"新生态、新模式华丽纷繁的外壳,思考教育的本质。

5G时代的教育真的变了。21世纪初期,电信运营商利用短彩信为家校沟通提供便利,后续不断转型,探索为教育主体提供更多的信息化解决方案。

5G网络助力直播教育,逐步发展为教学模式新常态;

5G技术抹平数字化鸿沟,远程教育云端教学让教育场景更立体;

5G虚拟现实、人工智能为教育插上翅膀,成为教学信息化2.0行动的重头戏……

这是一场由技术升级引发的教育变革,是一场裹挟着时代变迁的信息化洪流,更是一场教育赛道百舸争流的狂欢盛宴。

5G时代的教育真的变了吗?自孔子开始浩浩千年,教育形式立体而丰富,然而教育的内核究竟是什么?2021年,"双减"政策掷地有声,直指教育本真。在本书的最后一章,作者也提出"教育的主体是人,而不是技术",无论在何种技术主导的时代,突出教育的育人本质和人的主体地位,都是每一位教育从业者需要遵从的原则。

本书剖析了"5G"与"教育",有清晰的发展主线和明确的观点,也思考了两者的促进关系,是一个很好的尝试。

对于广大读者而言,始于 2021 年的教育变革,规格之高和力度之大前所未有,本书基于宏大的时代视角,详细剖析了技术对教育的促进作用,畅想了教育的未来。

中国移动卓望公司总经理　王红宇

前 言
Preface

随着 5G 时代的到来，我们现在所看到的各种教育形态也将会随之发生巨大变化，高速率、高容量和低时延的 5G 网络为智慧教育的发展提供了载体和有力的支持，打破了传统教育在时间和空间等方面的限制，展现出更加高效、便捷、低门槛、低成本的特性。

2019 年被称为 5G 商用元年。随着工信部正式向中国电信、中国移动、中国联通、中国广电发放 5G 商用牌照，四大运营商与互联网科技公司先后布局教育行业，大大推动了教育供给的泛在化。

具体来说，在教育领域引入 5G 技术可以在多个方面改变传统的教育模式，构建更加智能化的教育环境，更适合于目前的教育发展，而 5G 网络的发展将聚合人工智能、大数据、物联网等多种技术，将教育内容这个核心凸显出来，为教师、学生等群体提供虚拟课堂、VR 实验、AI 学情分析、智慧校园等解决方案和产品，推动智慧教育的快速发展。

随着《关于进一步减轻义务教育阶段学生作业负担和校外培训负担的意见》（以下简称"双减"意见）的印发，减轻义务教育阶段学生作业负担和减轻校外培训负担再次成为人们讨论的热门话题。对于在线教育方面，"双减"意见要求"做强做优免费线上学习服务。教育部门要征集、开发丰富优质的线上教育教学资源，利用国家和各地教育教学资源平台以及优质学校网络平台，免费向学生提供高质量专题教育资源和覆盖各年级各学科的学习资源，推动教育资源均衡发展，促进教育公平"，这给5G网络下的在线教育和智慧教育带来了新的机遇与挑战。

一方面，5G网络较低的延迟和较高的速度将使线上的专题学习和学习资源提供常态化，促使传统的课堂教学转变为随时可以开展实践和训练的学习方式，使免费线上学习的做强做优成为网络学习平台的必经之路，让全国甚至全世界的学生都可以享受到5G智慧教育带来的便利，这一点已经在国际汉语教育在全世界的教学考试上得到了印证。

另一方面，5G智慧教育可以在线上教育的基础上扩展VR/AR等其他先进的教育应用，在校外培训负担大大减轻的情况下，借助VR等技术提高学生自主学习的积极性。VR课件可以带领学生通过虚拟现实直观地看到书中的世界，甚至可以让学生借助智能机器人参与到教育教学过程中。

在推动教育资源均衡方面，5G网络可以为整合教育资源提供基础，优秀的教师资源和教学资源不再局限于一所学校和一个教室中的学生，而是可以同时向数千万的学生提供服务，让偏远地区和教学水平相对落后地区的学生也能享受到同等的教学资源，推动教育资源的均衡化。

毋庸置疑，随着5G网络与人工智能、大数据、物联网等技术的进一步深度融合，教育行业还将继续发生更加深刻的变化，以5G网络为基础的智慧教育也将惠及更多的师生群体，为教育行业带来更美好的未来。

在本书编写过程中，得到了中国移动相关专家的大力支持，感谢中国移动卓望公司王红宇、杨文敬等专家对本书内容的指导；感谢中国移动成研院孔令凯、董超等专家对本书研究工作的支持。同时，感谢首都师范大学姜国权教授对本书研究方法的指导。

由于时间和精力有限，本书在撰写过程中难免会存在一些不足和瑕疵，希望广大读者可以谅解并提出宝贵意见，感谢！

目 录
Contents

推荐序

前　言

第一章　移动通信和教育的不解之缘

1.1　2021年，5G开局之年 / 002

1.2　1G到5G经历了什么 / 012

1.3　5G之前的教育是什么模样 / 022

1.4　三大运营商在教育中的角色 / 029

案例　校讯通的十五年转型之路 / 041

第二章　当我们说5G的时候，到底在关注什么

2.1　AI：人工智能终成现实 / 046

2.2　IoT：智慧教育的基石 / 053

2.3　Cloud Computing：云上的生活是什么样的 / 064

2.4　Big Data：让因材施教不再困难 / 073

2.5　Edge Computing：连接云和用户的桥梁 / 081

案例　对外汉语学习者的福音：AI老师汉语学习系统 / 085

第三章 5G 时代的教育模式会发生哪些变化

3.1 5G 教育新模式：智能化，普适化 / 090

3.2 5G 教育新生态：轻平台，重连接 / 094

3.3 5G 教育新行为：个性化，人性化 / 098

3.4 5G 教育新评价：素养导向，过程管理 / 103

案例 5G 网络与直播教育能擦出怎样的火花 / 109

第四章 5G+ 虚拟现实

4.1 VR 给教育插上翅膀 / 118

4.2 VR 教育的应用场景 / 125

4.3 VR 教育的赛道百舸争流 / 130

案例 百度 VR 教室：个性化培养方案和沉浸式教学的融合 / 136

第五章 5G+ 远程教育

5.1 5G 下的远程教育有何不同 / 140

5.2 远程教学的应用场景 / 146

5.3 5G 技术抹平数字化鸿沟 / 153

案例 特色"云端"远程教学，切身感受中国文化 / 158

第六章 5G+ 智慧校园

6.1 未来的智慧校园不可想象 / 164

6.2 智慧校园的应用场景 / 171

6.3　智慧校园中的 OMO 模式　　　　　　　　　　　/ 180
案例　时下流行的智慧校园是什么样的　　　　　　/ 186

第七章　5G+ 人工智能

7.1　教育信息化 2.0 行动的重头戏　　　　　　　　/ 190
7.2　人工智能的应用场景　　　　　　　　　　　　/ 197
7.3　人工智能尚不足以替代教师　　　　　　　　　/ 203
案例　虚拟助教、智能陪练……这些黑科技也太懂学生了吧　/ 208

第八章　5G 教育面临的挑战

8.1　传统教育如何适应 5G 带来的变化　　　　　　/ 214
8.2　如何避免 5G 时代的技术滥用　　　　　　　　/ 222
8.3　面向未来，5G 教育回归本质　　　　　　　　　/ 226
案例　从粉笔、黑板到智慧教育，传统教育借 5G 东风实现蜕变　/ 230

第一章
移动通信和教育的不解之缘

- 1.1　2021 年，5G 开局之年
- 1.2　1G 到 5G 经历了什么
- 1.3　5G 之前的教育是什么模样
- 1.4　三大运营商在教育中的角色
- 案例　校讯通的十五年转型之路

1.1 2021年，5G开局之年

对于通信技术行业来说，2021年是值得铭记的一年，如果说从2019年开始，5G的相关话题频频见诸报端，那么2021年作为5G正式进入日常生活中的一年，值得每一个使用通信网络的人铭记于心。

5G通信技术并不是什么神秘的概念，5G是"第五代通信技术"的简写（5th Generation Mobilenetworks），是为了满足人们日常通信和其他网络业务需求的一种通信技术。当然了，比起之前的几代通信技术，5G在传输速率和连接数量等方面都有了质的飞跃。

1.1.1 5G可以做什么

3G时代创造了移动终端连接互联网的奇迹，4G时代让各类移动应用在移动网络的支持下百花齐放，那么5G可以做什么呢？

对于普通用户而言，5G的高速率和低时延特性决定了智能手机等移动终端在高清视频、移动游戏等方面会有更加出色的表现，用户可以使用各种智能设备享受到远超4G时代的视听娱乐服务。

爱立信消费者实验室《成就更好5G的五大关键》报告显示，部分5G用户已经习惯用5G网络来代替Wi-Fi和连接大流量应用等。在美国、瑞士、芬兰和韩国等市场，5G用户使用无限流量套餐的比例较高，这些地区有 22% 的用户减少了家庭 Wi-Fi 使用量，10% 的用户甚至声称升级到 5G 后不再使用 Wi-Fi。

与 4G 用户相比，5G 用户会更加积极地使用大带宽沉浸式的数字服务。爱立信的《消费者实验室洞察报告》数据显示，5G 用户每周在移动高清视频上花费的时间要比 4G 用户多两个小时，同时，更多的 5G 用户开始使用多视角和 360 度流视频内容的增强视频应用。在云游戏和 AR 等业务方面，5G 用户每周平均使用时间分别增加了 2 小时和 1 小时。

对于工业而言，5G 集中体现了大带宽、低时延、高可靠以及海量连接的特性。工业 4.0 已经不局限于数据的连通性，而是进一步打通工业设计中的各个环节，使生产过程向更加智能化和自动化的方向发展。

对于农业而言，5G 和物联网等高新技术将更加深入地运用到传统农业中，在 5G 通信网络的基础上，利用传感器收集农业生产中的各种动态数据，通过软件对农业生产中的各个环节进行控制。简单来说，就是利用一系列的智能设备收集大气、土壤、病虫害等数据，在科学大数据的指导下，做出生产决策，指导传统农业向智慧农业升级。

对于智慧城市而言，5G + AIoT 将是全连接的生态时代，协议与协议之间、设备与设备之间、设备与平台之间将打破原有的孤岛效应，实现互联互通，不同设备和平台之间也可以在 5G 网络之下实现联动。

1.1.2 各国加快 5G 建设速度

在 5G 时代，包括中国在内的多个国家纷纷加快 5G 战略和政策布局。截至 2020 年 9 月，据 GSA 统计，全球共有 129 个国家或者地区的 397 个运营商正在投资 5G。其中中国、韩国、美国和日本作为第一赛道的选手，在 5G 网络的建设过程中取得了不菲的成果。

1. 中国已建成 85 万个 5G 基站

据 2021 年上半年工业和信息化发展情况发布会数据显示，中国已累计开通 5G 基站 96.1 万个，截至 6 月底已覆盖全国所有地级以上城市。5G 终端连接数约为 3.65 亿户。部分省（市、自治区）针对 2020 年、2022 年的 5G 建设计划进行了明确，预计 5G 基站建设将在 2022 年达到一个高潮，如表 1-1 所示。

表 1-1　部分省（市、自治区）2020 年、2022 年 5G 基站建设计划

单位：万个

省（市、自治区）	2020 年	2022 年
天津	2.0	4.0
上海	3.0	5.0
重庆	3.0	10.0
河北	1.5	7.0
山西	1.3	3.0
浙江	5.0	12.0
安徽	1.5	4.5
福建	2.0	5.0
江西	2.0	3.0
山东	4.0	11.2
河南	1.7	16.8
湖北	2.0	6.0
湖南	3.0	10.0
广东	6.0	22.0
四川	4.0	12.0
贵州	1.0	3.2
云南	1.8	8.0
广西	2.0	5.0

数据来源：工信部赛迪智库《5G 发展 2021 展望白皮书》。

2. 美国运营商合纵连横寻找突破点

美国是第二个发布 5G 网络的国家，在韩国启动 5G 网络后的一个小时，美国最大的通信运营商 Verizon 在芝加哥和明尼阿波利斯发布了 5G 网络。

作为美国最大的通信运营商，Verizon 在 2020 年 12 月 17 日宣布已达成 61 座毫米波城市的目标，已将其低频 5G 网络扩展至覆盖 2.3 亿人，并在 2021 年继续扩大低频 5G 和毫米波网络的覆盖范围，其网络参数如表 1-2 所示。

表 1-2　Verizon 5G 网络概况说明

频段	28GHz 毫米波
载波贷款	400MHz
组网方式	NSA
站点类型	灯杆微站
双工模式	TDD
支持 MIMO	2×2 MIMO（目前尚未采用 Massive MIMO 和波束赋形技术）
基站设备厂商	爱立信
5G 手机	Moto Z3
实测下行速率	400–909.4Mbps，峰值速率不高于 1Gbps
实测上行速率	目前不支持 5G 上行数据，由 4G LTE 承载
实测网络时延	20–30ms，NSA 组网状态下与 4G 相差不大

T-Mobile 与 Sprint 合并后，超越 AT&T 成为第二大通信运营商，并推出了更快的中频 5G 网络，中频 5G 网络的速度比低频 5G 网络快得多，覆盖范围也比高频毫米波广得多。目前 T-Mobile 已经覆盖美国 2.7 亿人，预计到 2021 年底，T-Mobile 中频网络将覆盖 2 亿人。

排名第三的 AT&T 在 2021 年的重点工作主要是改善网络等待时间，包括扩展 SA 5G 网络服务。AT&T 目前可提供覆盖 2.25 亿人的低频 5G 网络，并在36座城市的部分地区提供称为5G Plus的毫米波服务。

3. 日本基站建设数量尚不足

2020年3月，日本通信运营商NTT Docomo、KDDI Corp和软银（SoftBank）推出5G服务；2020年9月，乐天公司推出5G服务。在NTT Docomo公司发布的5G技术白皮书《5G Evolution and 6G》中，已经对5G网络的关键技术做出了说明。

虽然日本总务省将2023财年结束时建设完工的5G基站数量目标提高了四倍，达到28万座，但业内人士表示，由于转换后基站的带宽不会改变，网络速度将保持不变，基站建设的数量远远不能满足用户的需求。

4. 韩国5G用户稳定增加

2019年4月3日，韩国三家主要通信运营商SK、KT和LG Uplus同时开通5G通信网络，之后韩国以高额补贴的方式迅速扩大5G用户数量。韩国科学和信息通信技术部的数据显示，截至2021年4月底，韩国5G用户数量达到了1515万，较3月底增加61.7万，目前韩国移动通信用户共有7127万，5G用户所占比例为21.25%，但依然面临着网络建设问题和5G应用缺乏的发展问题。随着5G网络覆盖范围的扩大和更多5G智能手机的推出，韩国的5G用户在未来一段时间还将不断增加，如图1-1所示。

与此同时，现阶段韩国5G网络的铺设选用的是5G NSA模式，其中的一部分功能依然要依靠4G网络（包括4G核心网），其优势在于相对于独立组网，NSA模式相对省时省力，而且韩国人口集中在首尔、釜山等城市，韩国运营商只需要在几座大城市重点建设基站，就能够覆盖韩国大半人口。

从目前各个国家对5G网络的重视程度来看，5G网络一方面可以为运营商带来收入增长，另一方面可以通过应用服务与5G套餐捆绑的商业模式让 5G 网络获得更高的用户价值,进而充分释放 5G 通信网络的收入潜力。

图 1-1 韩国 5G 用户增长趋势

数据来源:韩国科学和信息通信技术部。

1.1.3 5G 服务对象从 C 端到 B 端

截至 2021 年 2 月底,我国移动电话用户总数约为 15.92 亿,相比 2020 年 10 月的历史最高水平 16.01 亿略有下降。整体来说,我国移动电话普及率已经达到了一个较高水平,增量空间不大,未来一段时间里,针对 C 端用户的业务收入增速会出现下滑趋势。

在此背景下,行业用户开始成为移动运营商收入增长的出发点,在 5G 之前,已经出现了针对教育、医疗、工业等行业的解决方案,而 5G 网络高速率、高可靠、低延时和海量的连接,可以支持诸多行业用户的使用场景,助力传统行业向智慧行业转型。

十年前,通信产业还是运营商独步天下的局面,但在 3G、4G 时代,随着信息消费和移动互联网的兴起，本该占据通信行业核心地位的通信运营商却略显落寞，属于产业链下游的互联网企业凭借贴近客户的产品和经营方式，成功积累了大量的用户群体，加上资本市场的成功运作，通信运营商逐渐从核心地位下滑到了流量管道的位置。

在 5G 时代，随着网络架构和服务对象的变化，通信运营商还有一搏之力，通过更加快速稳定的通信网络以及附着其上的平台业务，储备通用行业信息化能力，完成垂直行业的市场开拓和发展。

网络架构方面，基于 C/U 分离式架构，控制面 NF 在中心 DC 集中部署，UPF 下沉到网络边缘部署，减少传输时延，实现数据流量的本地分流，缓解核心网的数据传输压力，从而提升网络数据处理效率，满足行业用户对于高速率、低时延及安全性能等方面的需求。

在 3G 时代和 4G 时代，运营商并没有从管道传输数据的过程中获得期望的收益，但却从中看到了网络传输催生移动互联网行业的整个过程，因此在 5G 网络架构做出改变的同时，运营商依然有很大的动力进行管道运营和建设，在国家的大力支持下，积极探索集网络、业务管理、计费为一体的综合平台。

在服务对象方面，行业客户已经成为运营商服务对象的重中之重。在行业用户的拓展方面，主要由政企事业部进行行业客户的拓展，收集客户需求并同步给研究院和专业公司，由研究院和专业公司根据客户需求出具整体解决方案，并与上下游的供应商共同完成交付。

以中国移动为例，中国移动专业公司主要负责某个专业领域的业务拓展，包括咪咕公司、物联网公司、杭州研发中心、苏州研发中心、终端公司、国际公司等。

在此过程中，研究院和专业公司已经在教育、农商、金融、医疗领域建立多个标杆项目，但受制于人才储备和供应商能力，目前主要以集成为主，自主开发的产品尚未得到行业客户的广泛认可。

在 5G 时代，通信运营商的管道能力已经足够强大，如何提升自身在网络能力、云服务等方面的交付能力，才是顺利成为面向行业用户的综合信息服务提供商的关键。

2018 年，中国移动在雄安、上海和成都成立三家新研发机构，强化通信行业与各产业融合发展的研发工作。以上海产业研究院为例，作为面向工业能源、交通、金融等行业提供信息化产品的专业研发机构，上海产业研究院以信息化、智能化为杠杆培育新动能，致力成为工业能源、金融、交通领域产业智能的赋能者，行业技术的创新者。

随后，中国移动分别在广东、浙江、江苏三个经济发达的省份陆续成立三家创新研究院：

2020 年 11 月 20 日，中国移动粤港澳大湾区创新研究院揭牌。

2021 年 1 月 17 日，中国移动（浙江）创新研究院揭牌。

2021 年 1 月 19 日，中国移动紫金（江苏）创新研究院揭牌。

这三家创新研究院的业务范围分别是：

粤港澳大湾区创新研究院：布局通信领域的行业专网、大视频和无线云网络技术应用，着力打造产学研深度融合的创新体系和开放共享的研发生态；

浙江创新研究院：创新推动 5G、人工智能、大数据等新兴技术的融合应用，加快推进新一代信息技术深度融入经济社会民生；

紫金创新研究院：面向区块链、无线通信产品及应用研发等研究方向，搭建产学研合作平台，带动上下游产业链协同创新。

从这三家创新研究院的创办，可以看到中国移动在未来一段时间内的发力方向：

业务方向上：涵盖 5G、人工智能、区块链、大数据、行业专网、无线云网技术。

发展路径上：打造产学研深入融合的合作平台。这三家创新研究院都有"学术外挂"，粤港澳大湾区创新研究院外挂鹏城实验室、紫金创新研究院外挂东南大学。

创新目标上：打造研发生态、创新经济社会融合应用、产业链创新链协同。

（以上内容据中国新闻网、凤凰网等报道综合整理）

除了在多地开设产业研究院和创新研究院外，三大运营商也纷纷进行了政企线条的改革。

2019 年，中国移动进行政企体制改革，形成了 T 型结构和 "1+3+3" 的政企体系。

其中 T 型是集团、省地形成纵向一体化的政企体系，这样的调整，使得资源高效配置、业务深度融合，聚焦重点领域，体系化增强政企市场的研发、运营、支撑、销售和服务能力，为做大政企市场"蛋糕"打牢基础、提供保障。

"1" 是成立政企事业部，负责集团政企市场的统筹指挥、资源调度和整体协调。第一个 "3" 是三个专业公司，即云能力中心、物联网公司以及中国移动系统集成公司。第二个 "3" 是三个产业研究院，即上海产业研究院、成都产业研究院和雄安产业研究院。通过完善经营机制，深入推进中国移动政企领域组织机构调整和布局优化。

2020 年初，中国联通实施了政企改革，设立政企客户事业群，强化政企 BG 在创新业务生产经营管理过程中的指挥调度、营销拓展和产品能力统筹，创新机制，实现政企业务研发、运营、支撑、销售、服务一体化。

面向政企市场，聚焦工业互联网、智慧城市、医疗健康等领域，打造多个5G灯塔项目，成功实现了5G应用商业化落地。

同年，中国电信针对政企部门启动了政企领域体系改革，针对卫健、数字政府、智慧城市、工业互联网、金融、中小企业、云商合作IDC、教育、交通物流等细分行业，建立总部、省、市公司三级纵向一体化政企客户信息服务事业群。

（以上内容据《第一财经日报》《经济参考报》等报道综合整理）

为了应对5G带来的机遇与挑战，不管是通信运营商、设备厂商，还是IT设备厂商、专网厂商，都意识到这是一个拓展业务和客户的黄金窗口期，能在5G时代积累足够的技术能力和行业客户，就能更加凸显对外的核心竞争力，实现自身的持续发展。

1.2　1G 到 5G 经历了什么

在介绍 5G 之前，我们非常有必要系统地回顾一下从 1G 到 5G 经历了什么。1G、2G、3G、4G、5G 分别指第一、二、三、四、五代移动通信系统，通过这个约定俗成的名词可以看出人们对于网络通信的需求是在不断更新和迭代的，网络通信本身的技术特性也是在不断迭代的，如表 1-3 所示。

表 1-3　1G 到 5G 特性对比

	标志性应用	网络制式	速率	特点
1G	语音通话	AMPS、TACS	2.4Kbps	成本高，稳定性和保密性差，模拟通信，只能实现语音服务
2G	短信	GSM、CDMA	大于 9.6Kbps	数字化，稳定性和保密性获得提升，可实现语音、短信和彩信服务
3G	上网、社交软件	WCDMA、CDMA2000、TD-SCDMA	大于 384Kbps	大容量，高质量，高频谱利用率，可实现语音、短信和数据业务
4G	在线视频、移动游戏、在线直播	TD-LTE、FD-LTE	100Mbps	高速率，高频谱利用率，可额外实现图像、视频等业务
5G	物联网、VR、人工智能		1Gbps	高速率、高容量、高可靠性、低时延与低能耗

1.2.1 第一代移动通信系统（1G）

1G 对于很多人来说有点遥远，它是指最初的模拟、仅限语音的蜂窝电话标准，制定于 20 世纪 80 年代。1G 主要应用在一般语音传输上，而且面临语音品质低、信号不稳定、覆盖范围不够全面等问题。我们偶尔还会提及的"大哥大"使用的就是 1G 技术。

1976 年，美国摩托罗拉公司的工程师马丁·库珀首先将无线电应用于移动电话。同年，国际无线电大会批准了 800/900 MHz 频段用于移动电话的频率分配方案。

1978 年底，美国贝尔试验室研制成功了全球第一个移动蜂窝电话系统——先进移动电话系统（Advanced Mobile Phone System，AMPS）。五年后，这套系统在芝加哥正式投入商用。

1980 年，瑞典等北欧四国成功研制了 NMT-450 移动通信网并投入使用。

1984 年，联邦德国完成了 C 网络（C-Netz）的建设工作。

1985 年，英国开发出频段在 900MHz 的全接入通信系统（Total Access Communications System，TACS）。

1987 年 11 月 18 日，中国在广东第六届全运会上开通 1G 并正式投入商用，采用英国的 TACS 制式。

中国从 1987 年 11 月开始运营 1G 业务，到 2001 年 12 月底中国移动关闭模拟移动通信网，1G 系统在中国的生命周期长达 14 年，用户数最高曾达到了 660 万。

1G 存在着容量有限、制式不兼容、通话质量不高等诸多限制，虽然在一定程度上满足了当时人们对于通信的初步需求，但还存在着较大的改进空间。例如 1G 通信标准就包括了以下七种：

NMT：北欧国家、东欧国家包括俄罗斯采用；

AMPS：美国，72 个国家和地区采用；

TACS：英国，30 个国家和地区采用（包括中国）；

JTAGS：日本移动电话系统；

C-Netz：联邦德国移动电话系统；

Radiocom 2000：法国移动电话系统；

RTMI：意大利移动电话系统。

1.2.2　第二代移动通信系统（2G）

1G 的缺点决定了它无法成为国际通用的通信技术，在 2G 时代，为了在全球范围内都可以使用移动通信技术，在设计之初就在国家层面对 2G 网络标准进行了统筹设计。

2G 以数字语音传输技术为核心，以语音通信和短信为主，用户体验速率为 10Kbps，峰值速率为 100Kbps。2G 的核心技术可以分为两种：TDMA 和 CDMA。

1982 年，欧洲电信标准协会（ETSI）的前身欧洲邮政电信管理会议（CEPT）成立了移动特别行动小组（Groupe Speciale Mobile，GSM），后来先后经手 CEPT、ETSI，最终被移交给 3GPP。

1996 年，中国引进 GSM 商用，主要使用 GSM-800、GSM-900、GSM-1800 频段，当时广东省的 GSM 网络刚刚开通，爱立信 GH337 成为第一部进入国内的 2G 手机，通话质量等各方面性能都得到了大幅提升。

在相当长的一段时间里，2G 通信网络支撑了世界各国人民电话、短信等通信需求，一直到 2012 年，全球的 2G 用户规模都始终处于平稳态势，2013 年才出现了用户规模下滑 3%，彼时 2G 网络的总用户数为 48 亿人。

对于部分国家和地区而言，没有比 GSM 和 CDMA 更好的通话工具了。随着 2G 网络的建设成本（包括基础设施、芯片以及手机）不断下降，许多发展中国家借此机会大规模建设 2G 网络，让普通百姓都能用手机进行通话和短信发送，例如在东非地区，SafariCom 公司利用短信和 GPRS 上网功能，推出了移动金融服务。

与 1G 类似，2G 的标准也并不统一，主要包括以下五种：

GSM：基于 TDMA，源于欧洲，在全球进行使用；

IDEN：基于 TDMA，美国电信系统商 Nextell 使用；

IS-136（D-AMPS）：基于 TDMA，源于美国；

IS-95（CDMA One）：基于 CDMA、源于美国；

PDC：基于 TDMA，仅在日本普及。

1.2.3　2G 到 3G 的过渡（2.5G）

对于一些用户来说，2.5G 的概念相对陌生一些，作为 2G 到 3G 的过渡性技术，2.5G 在国内也经历了相当长的使用周期，GPRS、HSCSD、WAP、EDGE 等都属于 2.5G 的范畴。2.5G 可以实现图片、铃声以及小体积的视频传输，也可以实现无线上网，相信很多 80 后用户都经历过移动梦网 Monternet 的时代。

2000 年 11 月 10 日，中国移动正式推出了移动梦网 Monternet 服务，这是当时国内首次推出利用 2.5G 网络开展互联网、游戏、音乐、阅读、新闻资讯等业务的服务。移动梦网让大家知道了手机除了通话和短信之外，还可以用于上网。在移动梦网 Monternet 时期，彩铃、手机游戏、139 邮箱、12580、音乐随身听这些业务还是得到了很多用户认可的。

移动梦网 Monternet 让中国移动突破了运营商自己关起门来做生意的发展思路，开创了通信运营商生态合作的共赢模式，作为移动互联网业务的载体让众多的服务提供商（SP）积极参与到移动梦网的建设中，并且让各方都可以在整个产业链中获取自己的利益。中国移动等通信运营商提供接入平台的新系统，手机设备商负责生产终端设备，服务提供商负责提供有价值的信息和应用，最终，用户可以获取基于移动梦网 Monternet 的一站式服务。

在移动梦网 Monternet 的发展过程中，由于平台核心技术与合作管控接口的开发没有得到持续把控，也曾出现过一些问题。

1.2.4　第三代移动通信系统（3G）

3G 时代语音和数据传输的速度质量迎来了第一次的明显提升，不仅可以在全世界实现漫游，还可以处理图像、音乐、视频流等多种媒体形式，加上智能终端设备和移动互联网的爆发，3G 网络成为很多手机用户较为熟悉的通信网络。国内的三家电信运营商在网络速率方面也存在一定的差异，如表 1-4 所示。

表 1-4　国内电信运营商 3G 网络速率对比

电信运营商	上行（MHz）	下行（MHz）	上行速率（bps）	下行速率（bps）
CDMA2000（中国电信）	825–835	870–880	1.8M	3.1M
TD-SCDMA（中国移动）	1880–1920	2010–2025	384K	2.8M
WCDMA（中国联通）	1920–1980	2110–2170	5.76M	7.2M

实际上，早在 1940 年，美国女演员海蒂·拉玛和她的丈夫乔治·安塞尔就提出了扩展频谱技术（Spread Spectrum）的概念，并在 1942 年 8 月 11 日通过专利申请。最初扩展频谱技术是用于抵挡敌军电波干扰或防窃听的

军事通信系统，第二次世界大战结束后，也随之失去了用途。

直至 1985 年，当时刚成立的高通公司利用军方解禁的扩展频谱技术开发出了 CDMA，直接促成了 3G 的诞生，随后的 3G 标准都是基于高通的 CDMA，主要包括以下三种：

美国 CDMA2000：以高通为主导提出，日本、韩国、北美地区以及中国电信采用。

欧洲 WCDMA：主要以 GSM 系统为主的欧洲厂商以及中国联通采用。

中国 TD-SCDMA：中国移动采用。

1.2.5 第四代移动通信系统（4G）

4G 在 3G 通信技术的基础上进行了进一步的优化提升，图像和音视频文件的传输速度更快，更加清晰，理论速率上可以达到 100Mps，实际下载速率最高可达到每秒几十兆，这是 3G 网络技术无法实现的。

4G 的两大技术根基是 LTE 和 IEEE802.16m（WiMax2），在此基础上，2009 年 10 月，国际电信联盟征集到了六项候选技术，一类是基于 3GPP 的 LTE-Advanced 的技术；另一类是基于 IEEE802.16m（WiMax2）的技术，中国提交的候选技术作为 LTE-Advanced 的一个组成部分。

这六项候选技术分别是：

北美标准化组织 IEEE 的 802.16m（WiMax2）

日本 3GPP 的 FDD-LTE-Advance

韩国（基于 IEEE802.16m）

中国（TD-LTE-Advanced）（LTE-TDD）

欧洲标准化组织 3GPP（FDD-LTE-Advance）

2013 年 12 月 4 日，工信部为中国联通、中国电信和中国移动发放 4G 牌照，我国进入 4G 时代。

中国联通：TD-LTE、FDD-LTE；

中国电信：TD-LTE、FDD-LTE；

中国移动：TD-LTE。

这两种网络制式的主要区别是，FDD-LTE 采用的是频分双工，TD-LTE 则是时分双工，二者对比如表 1-5 所示。

表 1-5　TDD 与 FDD 优劣势对比

序号	内容	TDD 相对于 FDD 优势	内容	TDD 相对于 FDD 劣势
1	频率配置灵活	可以进行频率的灵活配置，使用 FDD 不易使用的零散频段	功率大，能耗高	TDD 时间资源分别给了上行和下行，发送同样多的数据时，TDD 发送功率大，能耗高
2	上下行配置灵活	可以通过调整上下行时隙转换点，支持非对称业务	覆盖范围小	TDD 基站覆盖范围小于 FDD
3	设备复杂程度	接受上下行数据不需要收发隔离器	同频干扰	TDD 收发信道同频，无法实现干扰隔离
4	信道互惠	可实现上下行信道互惠，降低移动终端处理复杂性	预留频率保护带	为避免其他无线系统干扰，TDD 需预留保护带
5	无线帧		无线帧较复杂	TDD 无线帧处理较为复杂

举个例子，所有手机上网都需要建立上行和下行的通道，比如使用微信等即时通讯软件向朋友发送消息时，手机会通过上行通道发送一个请求，然后微信服务器通过下行通道，把未读消息传到手机上。

在上行通道和下行通道的建立过程中，FDD 主要通过两个对称频率来处理，一个负责下载，一个负责上传，体现在用户使用层面，就显得网速快一些。

TD-LTE 的时分双工则只用一个频率，既负责上行，又负责下行。优点在于节省了一个频率，资源利用率更高，但由于一个频率同时负责上行和下行，TD-LTE 只能通过时间来控制交通，分别让上传和下载的流量通过这个频率，体现在用户使用层面，就显得网速慢一些。

整体而言，4G 网络在一定程度上可以满足大部分用户对于移动通信业务的需求。然而，随着通信技术的发展与更多业务场景的出现，人工智能、车联网等新型业务都对通信技术提出了更高层次的需求，在此背景下，5G 的出现就很有必要了。

1.2.6 第五代移动通信系统（5G）

5G 网络的性能目标是高数据速率、减少延迟、节省能源、降低成本、提高系统容量和大规模设备连接，其主要优势是高速率和低时延。速率方面，最高可达 10Gbit/s，比 4G 网络快 100 倍。低时延方面，5G 的网络延迟低于 1 毫秒，而 4G 网络的延迟为 30~70 毫秒。

2013 年 2 月，欧盟宣布拨款 5000 万欧元加快 5G 移动技术的发展。

2016 年初，我国正式启动 5G 技术研发试验，第一阶段试验于 2016 年 9 月 15 日结束，涉及的 5G 关键技术包括大规模天线阵列、新型多载波、高频段通信、全双工、空间调制等技术。

2017 年 12 月 21 日，在国际电信标准组织 3GPP RAN 第 78 次全体会议上，5G NR（5G New Radio，即 5G 新空口）首发版本正式冻结并发布。

2018 年 2 月 23 日，世界移动通信大会召开前夕，沃达丰和华为宣布，两家公司在西班牙合作采用非独立的 3GPP 5G 新无线标准和 Sub6 GHz 频段完成了全球首个 5G 通话测试。

2018 年 6 月 13 日，3GPP 5G NR 标准 SA 独立组网方案在 3GPP 第 80 次 TSG RAN 全会正式完成并发布，这标志着第一个完整的国际 5G 标准正式出炉。

2018 年 12 月 1 日，韩国三大运营商 SK、KT 与 LG U+ 同步在韩国部分地区推出 5G 服务，这也是第五代移动通信服务在全球首次实现商用。

2019 年 6 月 6 日，在中国，工信部正式向中国电信、中国移动、中国联通、中国广电发放 5G 商用牌照。

2019 年 10 月 31 日，三大运营商投入 5G 商用，并于 11 月 1 日正式上线 5G 商用套餐。

在 5G 的网络部署方式和网络频率方面，绕不开的一个概念是"双模双载波"，其中的"双模"，指的 5G 网络的两种部署方式，即 NSA（非独立组网）、SA（独立组网），如图 1-2 所示。

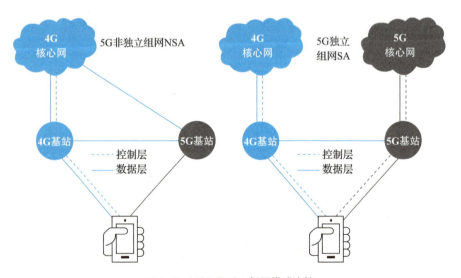

图 1-2　NSA 和 SA 组网模式比较

NSA，通常是指无线侧 4G 基站和 5G 基站并存，核心网采用 4G 核心网或 5G 核心网的组网架构。而 SA，是指无线侧采用 5G 基站，核心网采用 5G 核心网的组网架构。

而"双载波"指的是 5G 网络的两种频段区间。

第一种是 6GHz 以下，又称 Sub-6GHz；第二种是在 24GHz 以上，又称高频毫米波（mmWave）。

从理论上说，毫米波频率在 24GHz 以上，传递速率较快，延迟较低，与之相对应的问题就是，毫米波的覆盖小，需要的基站数量多，运营商的建设成本高。

目前 5G 在工业互联网、智慧医疗、超高清视频、智慧城市、车联网等行业领域应用占比已经高达 70%。预计 2021 年，5G 将在超高清直播、虚拟现实等领域取得进一步的发展，届时 5G 将真正成为人们日常生活中不可缺失的一部分。

1.3 5G 之前的教育是什么模样

我国的线上远程教育几乎是伴随着通信技术的发展不断迭代的，而且随着近年来在线教育阵营的不断扩张，不管是在 2G 时代稳居中心地位的运营商，还是在 3G 时代异军突起的淘宝、微信等互联网巨头，又或者在 4G 时代以自媒体和短视频"出道"的字节跳动等互联网新贵，都不约而同地进入了在线教育的主赛道。通信运营商在借助自身渠道优势和存量用户数量，在发展传统家校业务的同时，积极发展校园 ICT 业务，而阿里巴巴、腾讯与字节跳动分别以淘宝教育、腾讯课堂、清北网校等产品为载体，积极探索在线教育的新模式。

5G 之前的在线教育大致可以分为三个阶段：诞生阶段、探索阶段和爆发阶段。除此之外，新冠肺炎疫情期间的在线教育表现也非常具有代表性。

1.3.1 诞生阶段：远程教育的探索落地

中国的互联网起步于 1994 年，彼时的互联网业务主要集中在新闻资讯和网络社交方面，在线教育并未获得明显的发展，一方面由于网络带宽的限制，不足以支持通过网络观看在线课程，另一方面由于用户尚未养成接受线上教育的习惯，更加青睐线下培训的方式。

1999年，教育部批准68所高校为全国现代远程教育试点院校，准许开设网络教育学院，颁发网络教育文凭，这让远程教育一跃成为众人眼中的香饽饽。

早期的远程教育主要依靠录播的形式开展，通过把教师视频与PowerPoint课件一起录制下来，并通过浏览器进行播放。生成的课件包括三个部分：教师授课视频、PowerPoint、课程纲要，也因此称之为三分屏课件。

2000年，新东方网校上线运行，标志着线下培训机构进入在线教育领域。

在教学内容和传播形式发生变化的同时，三大运营商抓住学生家长对于"家校沟通"的需求，凭借渠道运营能力，推出了一系列家校互动的短信类产品，在市场上占有一席之地。

在这个阶段，远程教育还属于少数人的学习方式，由于家用电脑尚未普及，拨号上网也限制了下行带宽，学习效果和评估评价都没有合理的标准，对于大部分人来说不具备足够的吸引力。

在门户网站、电子商务等初代互联网产品迅猛发展的同时，除了新东方网校等产品外，在线教育行业始终没有出现拳头级的好产品。

1.3.2 模式摸索：在线教育迅速崛起

2010年前后，美国可汗学院的在线教育模式开始影响国内互联网的格局，在线教育开始成为投资人眼中的香饽饽，国内在线教育迎来新一轮的发展，果壳网、网易公司等最早一批在线教育公司获取了种子用户。

3G网络的出现让国内在线教育迎来了第一次蓬勃发展，也让在线教育真正成为"在线"教育，而不是"录播"教育。2012年开始，人们所熟知的是猿题库、作业帮等拍照搜题类产品，这些工具类产品可以在教师资源不足以覆盖所有学生的前提下，由学生使用手机寻找解题思路，满足了学生对于习题讲解的刚性需求，但对于自控力较弱的学生而言，也容易导致丧失独立思考能力的现象。

同时，各大互联网巨头也以视频课程的方式进入在线教育领域，2013年，腾讯 OMG 媒体事业群就推出了腾讯精品课产品，包括 K12、职场技能、互联网、外语等方面的课程内容。截至 2021 年 2 月，腾讯课堂上的在线课程总门数接近 30 万，涵盖职业培训、公务员考试、托福、雅思、考证考级、英语口语、中小学教育等大部分教学门类，入驻教育机构高达11 万家，在 2020 年新冠肺炎疫情期间在线学习人数超过 6000 万人，周度巅峰上课人数高达 2300 万，已经成为在线教育领域不可小觑的一股力量，如图 1-3 所示。

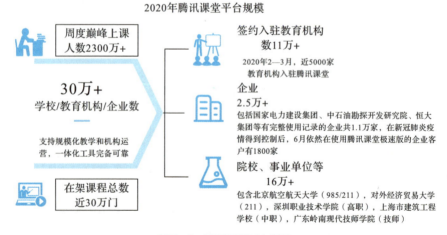

图 1-3　腾讯课堂平台规模

数据来源：艾瑞咨询《中国综合性终身教育平台用户大数据报告——腾讯课堂数据篇》。

除了各大互联网巨头之外，前面提及的猿辅导、学霸君等创业公司也都在 2013 年至 2020 年期间拿到了巨额投资，成功跻身互联网教育独角兽公司。以猿辅导为例，仅在2020年，猿辅导融资总额就超过35亿美元，成为全球教育科技行业估值最高的独角兽公司。

除了工具类和在线课程类产品，同期诞生的还有一批教育O2O公司，严格意义上来说，教育O2O风光一时的2015年到2016年已经属于4G时代，但教育O2O业务的业务摸索和兴起主要在2014年左右，所以我们也将其归为3G时代的教育业务。

教育O2O之所以没落，原因很简单，它本身并不能产生教育的核心价值，而仅仅是将原有教学辅导机构从线下搬到了线上，促进了家长和教师之间的资源沟通，这种业务模式在2G时代就屡见不鲜，所以虽然当时市场上涌现出了跟谁学、老师来了、疯狂老师、轻轻家教等一批产品，但这些产品并没有搭上3G网络的快车。随着2016年资本寒冬的到来，各家教育O2O公司纷纷转型或关闭。疯狂老师、跟谁学、老师好等产品纷纷转型直播+名师的模式；请他教转型线下；老师来了B轮融资失败，被迫关门。至此，在线教育的O2O模式宣布失败。

3G时代的在线教育是一个承上启下的过程，一方面为第一批在线教育的试水者提供了尝试多种业务模式的机会，另一方面让率先使用产品的用户体验到了在线教育的便捷之处，为后续的用户传播奠定了基础。

1.3.3　爆发阶段：移动互联网教育崛起

3G时代的教育业务难以取得突破的另外一个原因是，3G流量费用相对较高，不足以支撑在线课程和直播等方式。以表1-6中中国移动3G商用套餐资费为例，50元套餐包含流量500M，100元套餐包含流量2GB，200元和300元套餐内所含流量分别为5GB和10GB。一节在线课程的大小就在500M左右，对应的费用为50元，对于3G套餐的用户而言相对较高。

表 1-6 中国移动 3G 商用套餐资费情况

套餐价格	上网流量
50 元	500MB
100 元	2GB
200 元	5GB
300 元	10GB

加上 3G 时代的终端设备和网络状况对于在线课程和直播并不友好,常会出现卡顿等影响用户体验的情况,所以在 3G 时代,虽然广大厂商已经试水成功了一些商业模式,但并未迎来在线教育行业的爆发。

2016 年,直播元年到来,紧接着,2017 年,第一款 4G 流量不限量套餐出现,在线教育厂商与通信运营商在直播业务和在线课程业务方面达成了一致。

总的来说,比起之前的录播课,教育直播在知识传授方面有明显优势,在直播过程中,授课教师和学员能够随时进行互动,就讲课过程中出现的问题随时进行沟通,在网络低时延的情况下,与线下课堂几乎没有差别。

以直播平台为核心,在智能电子白板技术的支持下,在线教育又发展了 1V1 直播、小班课、大班课、双师教学等多种形式,极大地丰富了 4G 时代在线教育的产品阵营,例如当时 VIPKID、学而思 K12 网校、火花思维等公司开设的在线小班课等产品,分别针对不同年龄段和学科的用户,提供丰富的教学资源和师资力量。

在 4G 网络和家庭宽带的支持下,用户在观看直播课的时候,享受的是包括主讲教师、辅导教师、班主任三位一体的教育服务,而不仅仅是教师单方面输出信息的"填鸭式"直播。

主讲老师通过在线直播的方式为学生讲解知识;辅导老师负责协助学

生课前预习、课中全程监课、课后复习查漏补缺、制定学习计划、批改作业、将学情反馈给家长等；班主任负责对学生的学习过程进行全程追踪，管理直播课堂秩序，帮助学生更高效地学习。

在直播结束之后，针对个别疑难知识点，或者个别学生在直播过程中没有理解透彻的知识，辅导老师可以继续进行一对一的指导。

三位一体的直播服务模式基本得到了学生用户群体的认可，让在线教育行业的商家第一次看到了盈利的曙光。

与此同时，国内的三大运营商在 4G 通信领域内进行了贴身"搏杀"，各种流量卡和不限流量套餐层出不穷，直接把流量费用大大降低，让普通用户也有条件可以用流量观看长视频和直播课程。各大互联网教育公司也纷纷在产品研发、营销、师资力量、课程资源等方面投入重金展开竞争，并在 2019 年达到了一个小高潮。

1.3.4　新冠肺炎疫情期间教育直播成习惯

2020 年，新冠肺炎疫情让中小学和大学的开学时间受到严重影响，随着延迟开学的范围不断扩大，线上教学成为学生们在家期间的主要学习途径。

面对突如其来的新冠肺炎疫情，通信运营商与互联网教育公司迅速针对学生在家学习的场景上线了免费直播课，并将用户覆盖范围扩大至全国。

面对迫切的教学需求，中国移动云视讯平台火速推进，面向中小学校园提供了免费全学段课程资源和教育名师直播课堂，为学校和教育机构的远程教育工作搭建起了优质畅通的教学平台，保障了广大学生在特殊时期足不出户的学习需求。

学校、师生可以通过手机、电脑下载安装云视讯免费使用。该应用可以实现教师、学生行为的自动捕捉以及各种教学场景实时切换，让不在课堂的学生也能跟随镜头融入课程中，更好地完成教学互动。

截至2020年2月，中国移动已实现17个省近1092万用户名师直播课堂免费资源的支撑，并第一时间推出云视讯直播教学方案，已与全国30个省（市、区）展开对接。云视讯直播课堂和名师直播课堂，受到了学校及老师们的一致好评。

（以上内容据环球网报道综合整理）

与此同时，互联网教育公司也纷纷上线免费的名师直播课，为学生在线上课提供良好条件，承担了应有的社会责任。

新冠肺炎疫情期间，猿辅导面向全国中小学生提供免费的名师直播课。据悉，课表中的巩固预习课与校内学科同步，覆盖从小学到高中全年级，周一到周五每天每科40分钟，结合每个学段、每个学科的热搜题、易错题、热门知识点，精准设计重难点讲解，帮助学生巩固知识，做好预习。面向初、高中生还开放了针对中考及高考的英语在线大模考，学生可以自主参与，检测学习所得。

仅2020年2月，猿题库App约新增2500万名用户。全国中小学生在猿题库App练习题目数，单月超过7亿道，累计练习次数30多亿次。

（以上内容据新浪科技、蓝鲸财经等综合整理）

现在回顾从2G时代到4G时代的在线教育，几乎在每个时间节点都借助了通信技术的力量，而在接下来的5G时代，物联网、大数据、人工智能等新技术的介入也会让在线教育出现新的业务形态，以充分释放师资力量和教学资源的优势。

1.4 三大运营商在教育中的角色

在校园信息服务领域,中国移动、中国联通和中国电信称得上是最早吃螃蟹的一批企业,在 2003 年前后,随着 2G 手机的逐渐普及,家长与学校进行沟通的需求逐渐强烈,由此催生了通信技术与家校沟通的结合。

在此过程中,通信运营商凭借强势的品牌推广力,打造了一批人们耳熟能详的家校互动产品,在市场上其他厂商还未意识到家校互动的需求缺口时,中国移动"校讯通"、中国联通"家校通"、中国电信的"翼校通"等通信运营商的业务几乎垄断了所有家校互动的市场。

1.4.1 教育信息化山雨欲来:校讯通类产品

以中国移动推出的"校讯通"业务为例,它兴起于 2004 年,是一项针对校园的服务管理系统,起源于过去以电话和短信为主的家校沟通方式,主要是通过利用网络平台进行手机短信群发,从而实现家长与老师间的交流(见图 1-4)。校讯通业务的收费标准通常在每月 10 元左右。

在 2G 时代,很多事都需要老师直接和家长电话联系,但打电话的劣势在于需要一对一沟通,会耽误教师和家长太多的时间。所以对于非紧急事项,可以直接通过校讯通进行短信沟通,家长在工作之余打开手机就能看到老师的留言,不会对家长的正常工作造成干扰,在通知消息、作业通知和学情反馈等方面优势明显。

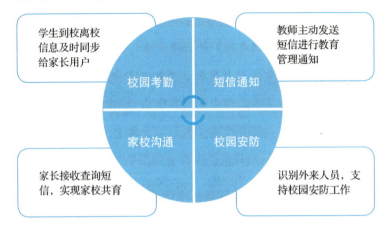

图 1-4　校讯通业务的主要功能

在发布安全通知、节假日通知或恶劣天气通知时,校讯通可以很快将学校的安排同步给家长,提高了家校之间的沟通效率。

在布置作业方面,校讯通可以迅速向全体家长发送孩子每天的家庭作业,让家长在孩子到家之前就了解了当天的家庭作业,家长对照当天老师发送的作业信息对孩子的家庭作业进行监督,提高学生完成作业的效率。

在学情反馈方面,老师检查作业时,如果发现没有按时完成作业,或者错误率上升的情况,也可以及时反馈给学生家长,从学校和家庭两方面促进学生良好学习习惯的养成。

2003年春季,SARS暴发,校讯通类产品在当时发挥了强大的作用,在北京,有400多所中小学、接近40万名师生通过校讯通实现了"停课不停学",学校通过短信以学校或班级为单位发布相关信息、作业或者恢复上学等公告,达到了点对点的及时沟通效果,为抗击疫情背景下的教育工作做出了贡献。

（以上内容据知乎网等综合整理）

作为2G时代的第一代的家校沟通产品，校讯通等业务通过短信的形式把学校的通知、作业及时发送到家长的手机上，以通信技术解决了老师、家长之间信息不对称的问题，积累了第一批校园用户的好评，在当时甚至诞生了以校讯通为主营业务的上市公司。但随着短信业务量的迅速下滑以及新兴业务形态的出现，校讯通的升级转型开始提上日程。2014年，北京市下发《关于2014年进一步规范教育收费工作的意见》，要求学校、幼儿园不得为"校讯通"办理提供便利条件。校讯通开始退出北京及其他省市的幼儿园与中小学市场。

在5G来临之际，三大运营商也意识到校讯通业务已经无法作为校园的主要业务形态，因此迅速将在校内展开业务的形式进行了升级改造，通过自建客户端、远程教育和在线直播的形式，向更多教师学生提供教育服务。

那么，现在中国移动、中国联通、中国电信三大运营商又在教育市场中发挥什么样的作用呢？

1.4.2 教育信息化1.0时代："三通两平台"

2012年9月5日，刘延东副总理在全国教育信息化工作电视电话会议上首次提出"三通两平台"发展规划，强调当代教育要将信息化作为抓手，提高教学品质，侧重教育管理平台的建设。

"三通两平台"的"三通"指宽带网络校校通、优质资源班班通、网络学习空间人人通，"两平台"指教育资源公共服务平台与教育管理公共服务平台。"三通两平台"的本质是促进信息技术与学校教育教学的融合，通过信息技术促进传统教学的变革，最终实现提升综合国力的目标，其中，"两平台"是为各级各类学校提供教育教学管理的基础，主要是通过教育信息化建设而实现的，而"三通"则主要强调整体发展规划的应用效果。

1.4.2.1　中国移动：以"三通两平台"为指导打造贯穿全业务的教育信息化整体解决方案

在国家教育信息化建设方针的引导下，中国移动本着"政府规划引导、企业参与建设"的原则，以教育信息化作为促进教育公平、提高教育质量的有效手段，打造覆盖教师备课、课堂授课、学生学习、教育主管部门决策监管的贯穿全业务的教育信息化整体解决方案。

基于开放式云平台架构，中国移动为用户提供各种教学资源、教育应用服务及教学管理功能。各组件均支持插拔式接入，可根据各地实际需求灵活部署。平台同"和教育"平台资源打通，支持教师、学生、家长和教育主管部门管理员等多个角色使用。

具体包括：

1. 教育资源公共服务平台

（1）资源中心：覆盖小学、初中、高中各个学科国内主流教材的资源，涵盖文档、表格、演示文稿、图片、音视频等近20种文件格式，校本、区本、市级、省级多层次展现，根据资源功能按课件、教案、习题、微视频等分类展现，提供多类型的资源预览，并支持移动端（人人通）的资源预览。

（2）在线作业：整合云平台海量优质题库的收发作业产品。支持作业布置、自动批阅和统计分析功能。

（3）智能组卷：整合"和教育"云平台的海量题库，支持在线编题、个人题库选题。

（4）备课授课：可依据教学进度搜索平台资源，进行教案、学案的整理。

（5）答疑中心：为教师和学生设置交流平台，便于双方随时随地地交流。

（6）教研活动：辅助教师进行教育教学指导、互动研讨等在校教研活动。

2. 教育管理公共服务平台

（1）教育 OA：提供通讯录、手机短信、信息公告、公文管理、文件管理、工作流、信件中心、日程管理和周程管理功能。

（2）课程管理：提供开课、智能排课、在线选课功能，排课后系统将会生成学校课表、教师课表、学生课表等。

（3）成绩管理：记录学生的学习数据，为分析学生的学业成长提供数据依据。

（4）考务管理：提供考试设置、教师排考、学生安排、排考查询等功能，提供考试项目内容的设置、分数等级的设定以及统计参数的划分等。

（5）学生评价系统：系统从多个维度对学生进行全面、客观、科学的评价。

（6）教师管理：对教师的人事档案管理、合同管理、教师培训管理、教师评选管理。

（7）智慧迎新：为新生和家长提供高效、便捷的一站式入学服务。

（8）电子图书馆：提供图书馆基础信息设置、书库管理及读者数据的管理。

（9）后勤综合管理：提供资产管理、设备保修管理、办公用品管理、物品借还管理、场馆预约、车辆预约、在线调查服务。

3. 班班通

（1）学科资源：提供优质基础教学资源，涵盖教案、素材、习题、微课和课件等，为教师提供一站式备课服务。

（2）名校资源：实时更新全国千余所知名中小学校本资源，覆盖课件、试卷、试题、素材、视频等类型，同各校本资源保持同步实时更新。

4. 人人通

（1）学习：为用户提供海量的学习资源，包括为教师用户打造的如微课、教案、课件、习题、素材等教学类资源和为学生准备的辅导类视频课程。

（2）班级圈：为用户提供班级空间、个人空间、通讯录、班级通知、表现、课程表等功能，记录班级生活，实现班级成员的互动学习。

（3）消息：即时通讯，即聊天功能。

（4）应用中心：为用户提供各类学习应用，如备课授课、教育网盘、在线答疑、在线作业等。

（5）教育资讯：展现最新的教育政策、校园学习、行业动态等教育资讯。

（6）营销活动：提供各类运营活动，如优秀班集体比赛、作文大赛等。

（7）成绩管理：通过成绩数据的导入，教师用户可以查看班级学生各次考试的成绩、排名等信息，学生用户可以查看自己的各科成绩和排名等信息。

1.4.2.2　中国联通：以"班班通"带动"校校通"和"人人通"

在这一时期，中国联通围绕"三通两平台"的建设目标，推出了针对基础教育资源共享的"班班通"产品，依托云服务平台教学资源和教学应用引入教学课堂，同时以"班班通"产品带动"宽带网络校校通"，通过向学生和家长的服务延伸，推动"网络学习空间人人通"。

中国联通的"班班通"服务主要由课堂终端设备、教育资源云平台和校园宽带组成，其中，课堂终端设备包括多媒体教学计算机、短焦距投影仪、电子白板、复合黑板、无线扩音器等教学设备。教育资源云平台以国内主流教育资源为基础，紧贴教学大纲，为全国中小学校提供优质教育资源。

"班班通"为广大教师提供了课前备课、课堂授课、课后教研等教学功能。在课堂上，教师可以直接从多媒体教学机上打开课前准备的课件、视频等，一方面可以为教师提供名师同步课堂资源，另一方面可以为本地特色教育资源的建设提供管理功能，从这两个方面解决不同区域之间教育资源不均衡的问题。

此外，中国联通还将"班班通"服务延伸至广大学生和家长，以"人人通"服务实现教师、学生和家长在课外的实时互动，帮助家长了解学生的学习进度，提供课后答疑等服务。

1.4.3　教育信息化 2.0 时代："三全两高一大"及新冠肺炎疫情时期的在线学习

2018 年 4 月，教育部印发了《教育信息化 2.0 行动计划》，提出到 2022 年基本实现"三全两高一大"的发展目标，即教学应用覆盖全体教师、学习应用覆盖全体适龄学生、数字校园建设覆盖全体学校、信息化应用水平和师生信息化素养普遍提高，建成"互联网 + 教育"大平台。

在教育信息化 2.0 阶段，信息技术与教育教学实现了紧密融合，学校和教育机构开始以信息化技术为支撑重构组织的管理架构。相对于教育信息化1.0时代的"三通两平台"布局，教育信息化2.0时代的建设核心聚焦于"三全两高一大"目标的实现，致力于建成"互联网＋教育"大平台，主要应用入口也从"网络＋智能硬件"转向了"平台＋应用服务"。

2020年新冠肺炎疫情暴发期间，工信部于2020年2月17日发布消息称，在持续推进未联网中小学校宽带网络覆盖，着力改善学校网络接入条件，并支持三家基础电信企业面向中小学校在前期推出的免费提速、资费折扣等10余项网络提速降费举措的基础上，将继续组织三大基础电信企业深入推进学校联网攻坚，进一步推出云课堂、免费直播点播等服务。

随后，中国电信、中国联通、中国移动三大运营商根据自身业务特点和优势，纷纷推出各类线上教育服务，保障新冠肺炎疫情期间的"停课不停学"。

1.4.3.1　中国电信：向中小学免费开放"天翼云课堂"

新冠肺炎疫情期间，中国电信向全国中小学免费开放"天翼云课堂"，提供在线课堂服务，日均服务超1000万人次。同时，整合各地名校名师和培优机构优质教育资源，依托中国电信天翼高清为1.3亿个家庭用户提供免费直播点播服务。

在地方应用方面，中国电信针对湖北省、北京市等地区加大资源倾斜力度，保障当地在线教育工作顺利开展。

湖北：为黄冈中学、武穴中学、黄石一中、沙市中学、利川四中等218所重点学校的24万名学生开通云课堂服务，累计完成4917节直播课；与湖北省教育厅完成IPTV"停课不停学"流程对接，面向湖北省的学生免费提供优质资源点播服务。

北京：上线"北京泛在教育云平台"，免安装、免运维，直接使用平台。新冠肺炎疫情期间已有北大附中、101学校、北京八中、人大附中分校等20多所名校通过"天翼云课堂"开展教学工作,已有5万多名学生通过在线方式学习。

1.4.3.2 中国联通:推出"云课堂"和"联通-钉钉空中课堂"

中国联通在新冠肺炎疫情期间快速推出"云课堂"和"联通-钉钉空中课堂"两大智慧教育服务,面向全国教育用户免费开放多年积累的精品教育资源和"研直播"技术平台,利用网络直播、点播、互动社区等手段向广大中小学校(教师+学生)提供公益性在线学习指导。

截至2020年2月10日,"云课堂"累计为全国965家教育主管部门和各级各类学校提供直播开课测试服务,上课人数达6.67万人;"联通-钉钉空中课堂"平均每日377万人测试使用,累计时长932万分钟。

在地方应用方面,中国联通对接湖北省武汉市武昌区、东湖高新技术开发区、新洲区等的中小学校,提供网上教学通信保障服务;宜昌、恩施、鄂州等地通过中国联通"云课堂"开展网上教学、在线辅导、在线答疑测试工作。

截至2020年2月10日,湖北省已有1195所学校使用中国联通"云课堂"平台进行在线教学,平台注册教师20183人、学生111805人、班级数量3355个。此外,中国联通在甘肃、山东、河北、四川、黑龙江等多个省市积极部署相关产品应用,助力地方新冠肺炎疫情期间教育教学。

1.4.3.3 中国移动提供"大小屏点播""直播教学"

中国移动在新冠肺炎疫情期间面向各省开展远程教学,向全国30个省252个地市提供"大小屏点播""直播教学"两套学习方案,实现"停课不停学、不停教"。

其中,"大屏点播"基于中国移动内容分发优势,将优质教育资源纳入魔百和,满足学生在家使用电视大屏学习需求,已覆盖全国 31 省 1.2 亿名移动互联网电视用户;"小屏点播"基于"和教育"用户基础,提供价值 600 余万元的学习资源、工具,满足学生通过手机、电脑自学提升需求,已覆盖全国 20 个省 1381 万名用户。

"直播教学"通过搭建网络直播平台实现远程教学,已覆盖全国 30 个省,帮助 3240 万名师生开课。

1.4.4 运营商的角色变化:从管道提供商到方案提供商

通过以上案例可以明显看到,通信运营商已经不再局限于传统的语音和短信业务,也不甘心只做"管道提供商"的角色,在教育等行业进行数字化转型的同时,通信运营商能否抓住机遇,迎接挑战,是通信运营商在 5G 时代由"管道提供商"转向"解决方案提供商"的关键。

1.4.4.1 教育信息化带来新机遇

2019 年 2 月,中共中央办公厅、国务院办公厅印发《加快推进教育现代化实施方案(2018—2022 年)》,其中要求:大力推进教育信息化。着力构建基于信息技术的新型教育教学模式、教育服务供给方式以及教育治理新模式。促进信息技术与教育教学深度融合,支持学校充分利用信息技术开展人才培养模式和教学方法改革,逐步实现信息化教与学应用师生全覆盖。创新信息时代教育治理新模式,开展大数据支撑下的教育治理能力优化行动,推动以互联网等信息化手段服务教育教学全过程。加快推进智慧教育创新发展,设立"智慧教育示范区",开展国家虚拟仿真实验教学项目等建设,实施人工智能助推教师队伍建设行动。构建"互联网 + 教育"支撑服务平台,深入推进"三通两平台"建设。

对于学校、教育局和家长学生而言，对于信息技术和教育教学深度融合的需求都非常强烈，学校和教育局希望借助通信技术和互联网技术加速学校软硬件设施在"互联网＋教育"时代的迭代升级，家长和学生经过这几年的洗礼，对于在线教育和教育信息化的接受程度快速上升，希望借助互联网教育的手段提高学生的学习效果和效率。

从这个角度来看，"停课不停学"在更大范围内培养了学生和家长对于在线教育的接受度，为通信运营商的教育业务进入校园市场奠定了用户基础，并在以下几个方面对通信运营商提出了需求：

1. 教学内容的需求

新冠肺炎疫情期间，三大运营商为学生和教师提供了大量的优质教学内容，在未来，学生和教师会对运营商的教学内容提出更高的要求，为运营商整合资源提供用户需求基础。

2. 专线专网的需求

在开展在线教育的过程中，学校对于专线专网、智能终端、云服务等运营商业务也会有相应需求。

3. 校园管理的需求

除去在线教学之外，根据教育主管部门和校园建设的需求，校方对于移动应用、校园门户、校园 OA、校园云平台的需求也会不断增加，以提高传统校园的管理效率。

1.4.4.2 运营商身份带来的挑战

虽然校园市场存在一定的发展空间，但由于通信运营商的特殊身份和社会责任，在落地运营教育业务时，也面临着种种严峻的挑战。

1. 内容生产的挑战

由于运营商本身不具备教育内容生产的能力，向用户提供的教育教学资源主要依靠引入第三方资源，这就造成了在与外部公司竞争时不存在差异化优势，用户可以直接使用第三方公司的资源，而不一定会选择运营商的平台和内容。

运营商目前主要关注的是幼教市场和中小学市场，在职教和高等教育市场始终未有布局，这在一定程度上也是由于不具备教育内容生产能力所造成的。

2. 市场运营的挑战

长期以来，运营商并不具备针对行业客户的市场运营能力。在教育市场亦是如此，作为以通信技术为主业的公司，运营商并不具备在线教育业务的专业运营能力，不管是中国电信还是中国联通，教育行业的专业团队力量都相对薄弱。

对于已经开展的教育业务，主要依赖外部支撑团队和渠道商，虽然可以通过渠道商解决学生家长用户在使用业务过程中出现的问题，但整体上无法对售前教育摸底、售中教学跟踪、售后教学效果监控等环节进行把控，导致用户并不认可运营商做教育行业的能力。

以上两点作为通信运营商在未来一段时间内无法彻底解决的问题，在2C端业务会面临来自互联网教育公司和传统教培机构的降维打击，在2B和2H业务方面，也面临着互联网公司在云服务、系统开发、平台研发、系统集成等方面的压力。

对于运营商而言，只有真正将教育这件"慢"事重视起来，建立起专业的内容审核、产品设计和行业运营的团队，才能发挥好运营商身份的优势，补齐短板，在智慧教育的市场竞争中不落下风。

第一章
移动通信和教育的不解之缘

 案 例　　　　**校讯通的十五年转型之路**

在 2G 时代，中国移动、中国联通、中国电信三大运营商各自打造的校讯通、家校通、翼校通业务几乎垄断了家校互动的教育市场。

以校讯通为例，自从 2004 年至今已经有 17 个年头，在某些省市仍然拥有大量的家长和学生用户，甚至部分新业务也在校讯通平台的基础上继续开展。

作为曾经的王牌教育产品，校讯通为教师、家长、学生提供家校沟通、平安校园、教务管理等信息化服务，满足了家长迫切掌握孩子学习情况的需求，不仅在家长群体中倍受欢迎，而且得到了教育主管部门的认可。

现在对校讯通产品的成功进行复盘研究，可以发现校讯通产品的成功并非偶然，而是在校园管理、用户运营和渠道运营方面都做到了超前部署。

1. 校园管理

对于学校而言，一方面对教育信息化建设有强烈需求，另一方面又担心厂商提供的方案不能满足需求，引发学生和家长的投诉。对此，校讯通对一些重点学校直接投入教育信息化建设费用，赠送宽带，围绕校讯通业务，为学校配置考勤门禁、一卡通、IC 话机等设备，打造标杆校，让学校和教育主管部门看得见效果。

2. 用户运营

早在校讯通流行的年代，运营商就采用了现在的互联网公司"先圈地再运营"的方式，在争取家长对于校讯通业务认可方面，虽然有 10 元/月的套餐费用，但运营商采取话费返抵或其他方式返还给家长，先让学校和家长真正使用业务，形成一定用户规模之后，再通过薄利多销的方式获得盈利。

3. 渠道运营

校讯通业务涉及极为复杂且精细的工作，包括管理学校和学生的诸多基础信息，为谋求区域一盘棋的发展模式，需要借助渠道商（SA）的力量进行拓展。在此期间，运营商通过制定考核标准规范渠道商，以分成方式激发渠道商的发展动力，并成功孵化了一批教育信息化的上市公司。

但随着校讯通业务遍地开花，还是引起了部分家长的反对，集中体现在收费标准和业务办理流程方面。

首先，通知、作业、成绩等服务本来就是学校应该发布的内容，校讯通业务虽然提高了发送通知、作业、成绩的效率，但义务教育阶段的此类服务是否应该收费，部分家长存在疑虑。

其次，校讯通业务也存在着不同通信运营商之间不互通的情况，例如中国移动的号码无法办理中国联通的家校通业务，中国联通的号码也无法办理中国电信的翼校通业务。

随着智能手机与4G网络的发展，短信逐渐退出老百姓的日常生活，微信、QQ等产品逐渐替代了在家校沟通中的校讯通短信。2014年，北京市颁发《关于2014年北京市进一步规范教育收费工作的意见》，叫停校讯通类业务。随后，重庆、江苏、安徽、河北陆续加入叫停行列，校讯通类业务退出历史舞台已成定局，而通信运营商也开始积极谋求校讯通业务的转型。

作为2G时代已经具有巨大用户规模的产品，校讯通类产品的优势在于渠道优势和存量用户优势，劣势在于产品的口碑在过去十年里有一定损耗，用户不认可运营商来做教育行业的产品。

尽管在当时，运营商基于校讯通业务也做了一些教育信息化的应用，比如校讯通博客、班级空间等，但由于当时的产品功能比较简陋，用户也没有手机上网的习惯，基本属于无用功。

在移动互联网爆发之后，校讯通已经升级为"和校园"业务，跟2G时代以短信为主的业务形态相比，已经发生了很大的变化，对于这样一款曾经饱受质疑的产品，如何在5G全面铺开之时重现往日荣光呢？

1. 校园管理

2B业务依然是运营商在教育行业的主营业务之一，现在的学校大部分有教育信息化的预算成本，部分学校甚至已经搭建了一整套的信息化设备并投入使用。

对于尚未搭建智慧校园设备的学校，应当围绕校园生活，为学校配置无感考勤、校园消费、电子学生证、校园话机等设备，为学校提供软硬件一体化的解决方案，让学校可以尽快完成基本的教育信息化建设。

对于已经具备智慧校园和教育信息化基础的学校，应结合教育政策，在已有设备上开展业务，做到优于对手，先于对手，保持对教育政策和学校需求的敏感性。

2021年1月15日，教育部办公厅印发《关于加强中小学生手机管理工作的通知》，要求应通过设立校内公共电话、建立班主任沟通热线、探索使用具备通话功能的电子学生证或提供其他家长便捷联系学生的途径等措施，解决学生与家长的通话需求。

对于很多学校的手机管理，依然采用的是"不管理"或"课前统一收缴"的方法，在学校要求不得使用手机之后，直接产生了家长与学生无法沟通的困境。

在此背景下，中国移动基于电子学生证，实现了家校互动、安全定位、智慧课堂、校园考勤、亲情电话、校园一卡通、校内外扫码支付等在内的一系列智慧校园场景功能。一方面为家长用户提供了新的产品体验，另一方面可以兼容已有门禁通道和电子班牌，不需要学校进行重复建设。

2. 资源管理

在校园安全之外的另外一个刚需就是面向教师的优质教学资源，教师需要在教育云平台上搜索备课课件、视频微课和试题试卷，在备课授课时借鉴使用平台上的教学资源。

针对教师的需求，如前面提到的内容，三大运营商都提供了对应的教学资源、直播课堂和云平台服务，积极满足教师在教学资源和教学管理方面的需求。

在教育行业的产品打造和用户获取方面，通信运营商具备入校推广的先天优势，但其定位又会略显尴尬，教育主管部门和最终用户都在疑虑校讯通业务的转型升级是不是新瓶装旧酒。未来的中小学教育必定不是单一业务可以支撑的市场，整体智慧校园方案会成为大势所趋，只有在以往渠道优势和网络优势的基础上，为学校提供更多标准化和定制化的产品方案，才能真正实现校讯通业务的转型升级。

第二章
当我们说 5G 的时候，到底在关注什么

- 2.1　AI：人工智能终成现实
- 2.2　IoT：智慧教育的基石
- 2.3　Cloud Computing：云上的生活是什么样的
- 2.4　Big Data：让因材施教不再困难
- 2.5　Edge Computing：连接云和用户的桥梁
- 案例　对外汉语学习者的福音：AI 老师汉语学习系统

2.1 AI：人工智能终成现实

2019年6月6日，5G的商用牌照正式发放，标志着我国进入5G时代，5G网络给了人们太多的想象空间，更多行业应用也逐步进入人们的日常生活。

其中让人类兴奋又感到担忧的就是人工智能技术，甚至有人担心人工智能会取代人类，毕竟人工智能的表现太出色了。

1997年，IBM的超级计算机"深蓝"打败国际象棋世界冠军时，部分学者开始了人工智能是否会取代人类的讨论，2017年，AlphaGo战胜围棋世界排名第一的柯洁，随后，AlphaGoZero（第四代AlphaGo）在无任何人类输入的条件下，迅速自学围棋，并以100∶0的战绩击败"前辈"。

在人工智能以破竹之势在某些领域将人类按在地上摩擦的时候，人们当然会担心一些工作岗位会不会被人工智能所代替。

这个答案是肯定的。

但人工智能代替一部分工作岗位的过程是此消彼长的，它会代替人类的一些岗位，也会为人类创造新的岗位，比如无人驾驶会取代一部分司机，未来的出租车或者网约车可能会实现自动上下车。与此同时，无人驾驶又会创造出一部分新的岗位，比如交通安全监测、传感器技术等。

那么，人工智能在教育行业能发挥什么作用呢？

2.1.1 人工智能究竟是什么

首先,我们来看一下人工智能究竟是什么。

严格意义上来说,人工智能(Artificial Intelligence)是计算机科学的一个分支,是研究模拟、延伸和扩展人的智能的理论、方法、技术及应用系统的一门科学,它试图生产出一种新的能与人类智能相似的方式做出反应的智能机器,包括机器人、语言识别、图像识别、自然语言处理和专家系统等,如图 2-1 所示。

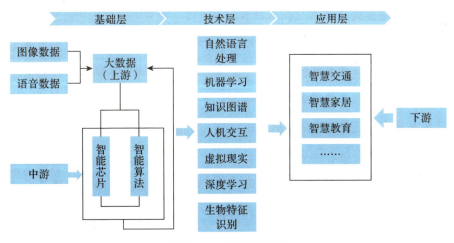

图 2-1 人工智能示意图

简单来说,就是让机器完成只有人类才能完成的任务,比如看懂照片、听懂说话、模拟人类思考等。在教育行业主要有面向教师的人工智能和面向学生的人工智能。

2.1.1.1 面向教师的人工智能

面向教师的人工智能产品主要分为以下两大类。

1. 教学辅助类

教学辅助类产品已经成为教师和学生在日常办公和学习中经常会用到

的工具,最早的教学辅助类产品包括拍照批改、智能阅卷等,其中拍照搜题类工具按照教育部印发的《关于进一步减轻义务教育阶段学生作业负担和校外培训负担的意见》的规定,已经不作为向义务教育阶段学生推荐的工具。

而智能阅卷主要侧重于教师的阅卷部分,它可以通过高速扫描仪对考生的答题卡进行扫描,并对生成的图像文件自动进行切割,客观题由计算机自动判分,主观题由阅卷教师对电子化答卷进行评分,极大地减少了教师的重复性工作,提高了判卷评分的精准度。

2020年10月,作业帮公布了一项"一种作文自动批改及评分的方法及终端"专利,可实现自动批改作文。该专利所述方法包括:接收上传的手写作文图像;通过神经网络组织提取所述手写作文图像的文字特征,通过连通域分析处理去掉所述文字附近的干扰因子,得到处理后的手写作文图像;对所述处理后的手写作文图像进行文字识别后得到文本内容,对所述文本内容进行修辞手法使用识别、优秀句子识别以及诗词谚语引用识别;分别为所述文本内容在语言、内容、主题、选材、结构、修辞六个维度评分。

(以上内容据中关村在线网等综合整理)

2. 教学反馈类

教学反馈类人工智能产品是通过收集学生在日常学习中的作业和试卷情况,得出学生对于知识点的掌握情况,并反馈给教师,以指导教师在教学过程中调整教学策略。

教学反馈类人工智能产品的两个关键点在于学生数据和算法,在掌握学生的大量学习数据之后,通过错因构建每个学生的知识地图,基于教学大纲的知识点,判断学生掌握了哪些知识点,尚未掌握哪些知识点,已经掌握的知识点就不再重复讲解。

2.1.1.2 面向学生的人工智能

面向学生的人工智能主要包括学习辅助类和自适应学习类。

1. 学习辅助类

学习辅助类是最早面世的人工智能产品，也让很多学生用户第一次见识到人工智能的魅力。

但从技术水平来说，基于光学字符识别（Optical Character Recognition，OCR）和语音识别的产品属于入门级的人工智能产品，它只能在一定程度上帮助学生尽快找到答案和解题思路，并不能帮助学生完成知识点的智能化辅导。对于很多自控力弱的学生来说，拍照搜题类产品带来的负面作用大于正面效果，容易导致学生形成懒惰的学习习惯。因此，2021年，中共中央办公厅、国务院办公厅正式发布了《关于进一步减轻义务教育阶段学生作业负担和校外培训负担的意见》其中指出，线上培训机构不得提供和传播"拍照搜题"等惰化学生思维能力、影响学生独立思考、违背教育教学规律的不良学习方法。

从产品层面来说，其本身具备与学习数据结合的数据基础，可以为学生的学业诊断和辅助教学提供助力，但在实际使用中，却只局限于拍照搜题功能，所以退出学习辅助类产品市场也是意料之中。

2. 自适应学习类

自适应学习（Adaptive Learning）是通过将知识点进行细分，然后通过收集学生学习行为数据（例如观看视频的时长、拖动时间轴的次数、中途是否暂停离开、学生的回答是否正确、是否使用提示、是否查看解析、是否收藏题目等），对这些数据进行存储加工后，形成个性化的知识点网络，最终形成详细的知识点列表和雷达图，让学生可以知道应该关注哪些易错题，关注还没有掌握的知识点，进而提供给每个学生不一样的学习内容和知识点，如图 2-2 所示。

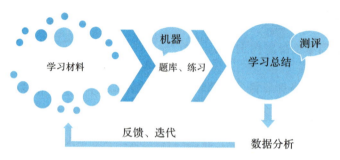

图 2-2　自适应学习基础过程

据张钰、王珺在《美国 K-12 自适应学习工具的应用与启示》中的研究成果，目前在教育市场上，自适应学习类工具可以分为三类：自适应内容、自适应评估和自适应序列。

（1）自适应内容

自适应内容是目前市场上最常见的工具，它通过分析学生对问题具体的回答，为学生提供更具针对性的教学反馈，根据每个学生不同的学习情况，满足不同水平的学生对于个性化学习内容的需求。

（2）自适应评估

自适应评估常常用于考试测试中，它可以根据学生回答问题的情况，及时调整评测标准。比如在一些英语水平类考试中，在连续做对题目之后就会发现题目越来越难，这并不是系统随机对题库做了调整，而是自适应评估工具根据测试者在本次测试中的表现做了相应的调整。

（3）自适应序列

自适应序列是在大数据分析的基础上，根据学生的学习表现和测试表现，为其推荐更加合适的学习内容。例如学生在测试中连续答对或者答错若干道题目之后，自适应序列工具会根据学生的学习行为改变其测试题目的顺序。

2.1.2　5G+AI 技术改变教育环境和应用

未来，5G+AI 技术在教育领域中的发展将集中体现在教育环境和教育应用的变革上，帮助学生和教师在智能化、个性化和融合化的环境内使用更加多样的人工智能应用开展教学活动。

1. 教育环境

一般来说，教育环境的主要场所就是校园和教室。在 4G 网络下虽然已经出现了一定数量的智慧校园和智慧教室，但从目前的发展状况来看，这些智慧校园和智慧教室中所部署的传感设备还不足以支持教育环境和教育主体产生的各种海量数据，在数据的传输和分析上也存在着一定的滞后。例如对学生课上的学习状况分析和学情分析，往往需要传输到云端进行一段时间的分析，因此，还达不到严格意义上对智慧教育环境的要求。

而在 5G+AI 教育环境中，5G 技术为智慧教育的数据收集和整合提供了底层技术支持，物联网、大数据、云计算与人工智能可以实现教育环境中所有要素间的互联互通，各种智能终端和设备更加充分地参与到智能教育的过程中，推动智能教育环境成为融智慧校园、智慧教室、教育云、智能终端、教育大数据、智能助教等为一体的基础条件，学生在智慧教育环境中享受到自适应学习、智能化感知、个性化推送、无感知响应等教学服务。

2. 教育应用

5G+AI 技术反映在教育应用上，表现为适用于各个教育场景的应用也会随之发生变化，AR/VR、虚拟实验室、智能机器人、双师课堂等应用都会成为智慧教育的一部分。而 AI 技术的定位则是推动教育由"千人一面"转变为"千人千面"，即使学生使用的是同一款应用，也会通过人工智能在教育各个环节采集到不同学生的学习数据，让机器具备为学生着想的认知能力，结合学生的学习情况为其指点迷津，对症下药，实现个性化教育的目的。

虽然目前人工智能应用于教育的实际场景还没有普及开来，但可以确定的是，在 5G 时代，人工智能技术将促使传统教师的角色发生极大变化，单纯知识性的教学角色将会被人工智能所取代，与此同时教师与人工智能将会更加协同化地发展。

2.2 IoT：智慧教育的基石

5G 网络的海量连接特性让很多在 4G 时代无法实现的物联网应用慢慢变成现实，也进一步促进物联网产业发生深刻变革。

在 5G 网络之前，物联网（Internet of Things，IoT）被称为继计算机、互联网与移动通信网之后信息产业的第三次浪潮。2005 年，国际电信联盟（ITU）发布了《ITU 互联网报告 2005：物联网》，报告认为，世界上所有物体都可以通过互联网主动进行"交流"，无须人的干预，即在相关协议的支持下，物联网可以借助各类信息传感设备，通过互联网实现物品的自动识别、定位、追踪、监控以及信息的互联与共享，是互联网的延伸和扩展。

可见人们很早就意识到物联网的广泛用途，例如在智慧城市方面，可以布置智慧路灯实现智慧照明、环境信息采集和道路监控等多项功能；在农业方面，可以布置传感器采集温度、湿度等农业数据，实现科学农业管理；在城市交通方面，可以实现车内、车与车、车与路、车与人、车与服务平台的全方位网络连接，提升汽车智能化水平和自动驾驶能力等。

在教育方面，随着 IPV6、云计算、5G 通信、智能终端等的介入，物联网将从表现形式上改变学校的学习环境和学习方式，帮助传统教育实现跨越式发展，提高学生的学习效率和质量，降低学校的管理难度，减少失误的发生。

2.2.1 物联网适用的教育场景

物联网通过各种信息传感器、射频识别技术、全球定位系统、红外感应器、激光扫描器等装置与技术,实时对任何需要监控、连接、互动的物体或过程,采集其声、光、热、电、生物、位置等各种需要的信息,通过网络接入实现物与物、物与人的连接,实现对物品的感知、识别和管理。如图 2-3 所示,物联网在教育场景中的作用主要可以分为三个方面。

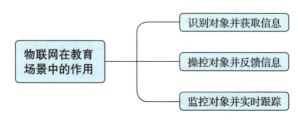

图 2-3 物联网在教育场景中的作用

1. 识别对象并获取信息

通过射频识别等技术,物联网可以建立对象的智能标签,用于物体的识别和对象信息的获取,使之成为校园物联网中的一环,与其他物体实现互动和连接。例如学校里经常使用的电子学生证,就可以视为一种物联网智能标签,它可以被 RFID 读头识别信息并确认学生身份,属于比较常见的物联网应用。

2. 操控对象并反馈信息

物联网是以通信网络为基础的,在信息传感器收集到信息之后,由云平台进行分析和决策,进而操控和指引对象的行为。以智慧教室中常见的智能窗帘为例,其通过光感器采集教室内外的光,并依据光的强度自动调节窗帘,将教室内的光线强度自动调节至让人感到舒适的状态。

3. 监控对象并实时跟踪

对对象的监控和实时跟踪可以视为上述两项功能的补充，借助传感器和传感器网络（Sensor Networks），物联网可以实现对特定对象状态的实时监控。例如前文提及的电子学生证，家长可以通过 GPS 标签跟踪和确定学生的实时位置，保证学生在上下学途中的安全。

2.2.2 物联网在智慧校园中的作用

之所以将物联网技术称为智慧教育的基石，是因为智慧校园本身作为一个被各种信息化应用高度集成整合的概念，需要物联网技术将其中的所有要素连接起来，让物联网可以满足智慧校园对于设备连接和信息传输的种种需求。

2.2.2.1 智慧校园的特征

一般来说，智慧校园具备以下四个特征。

1. 环境感知

智慧校园部署的传感器可以随时感知校园内人与物的所有信息，并且对学生、教师等群体的特征（学习偏好、学习状态、学习时间等）信息进行收集和传输。

2. 网络互通

在智慧校园里，物联网技术建立在校园网和移动通信网络的基础上，不仅可以感知和收集信息，而且可以将这些信息通过网络进行传输。

3. 海量连接

智慧校园需要收集学校内海量的数据，并在此基础上进行分析和预测，对于可能出现的状况进行提前预判、快速反应和积极处理，这就需要智慧校园与学校里的所有事物建立连接。

4. 个性服务

智慧校园的出现是为了解决传统教育单一化和刻板化的问题，解决教师和学生在校园中遇到的各种问题。

这四个特征都有赖于物联网技术为智慧校园提供开放、互动、连接的底层服务，全面感知教师和学生的信息，通过分析实现智慧化的学习生活和教学管理，让各种信息在校园内快速流动，将传统校园升级为感知型、智能型、个性化的智慧校园。

2.2.2.2 物联网在智慧校园中的作用

具体来说，物联网在智慧校园中主要发挥以下作用：

1. 构建感知型的校园环境

通过在校园内部署可以感知人体温度、声音和运动的传感器，物联网可以实现校园中各种对象的互联互通，全面获取和汇总最新的数据信息，及时发现学生和教师在校园中可能出现的问题，并通过传感器对物体进行对应的操控。

例如在新冠肺炎疫情期间，诸多学校都在校门口和宿舍门口安装测温一体机，在学生和相关人员进入校园的同时进行体温检测，并将体温数据记录下来直接发送到学校的云平台。当出现体温异常人员时由测温一体机进行报警，可及时实时筛查出体温异常人员，实现对学校安全的自动化管理。

2. 构建人机交互的教学环境

在教育行业引入物联网技术之后，对于实际教学环境的一大改变就是可以实现人与物理空间的交互、物理空间与虚拟空间的交互以及人与虚拟空间的交互。

通过各种可穿戴设备,学生可以感知到更加真实的场景;也可以通过各种智能终端设备,对自身的行为进行数字化存储和分析,有效促进人与物理空间之间的交互。

例如现在很多厂商生产的智能学习笔,是在不改变用户原有的纸面书写习惯的基础上,依托数字光学点阵和物联网技术,在学生上课做笔记或者答卷的同时,追踪学生的书写轨迹,将书写内容进行数字化存储和管理,可以实现纸屏同步、笔记回放、远程互动等功能,如图2-4所示。

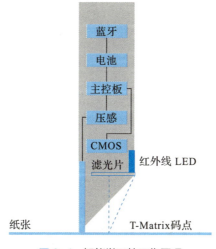

图 2-4 智能学习笔工作原理

实际使用中,学生在课堂学习过程中,无须在常规书写和电子书写之间来回切换,提高了学生的学习专注度。

3. 构建平等的教学方式

传统课堂中,由于单个教师的教学精力有限,无法顾及参与教学过程中的所有学生,而且课堂时间有限,不允许所有学生参与到回答问题等教学过程中,这就造成个别学生无法充分参与到课堂教学中,而一对一的问答,对于巩固知识和发现知识薄弱点是非常关键的,教师也需要收到更多的学生反馈,才能了解学生的学习情况,及时调整授课方式和进度。

如图 2-5 所示,目前市面上的电子学生证产品已经具备课堂互动答题功能,在教师提出一个问题时,所有学生都可以在终端上进行回答问题的操作,不再局限于个别学生才能参与到课堂问答中。由教师实时统计正确率,教师可以更加迅速地了解教学情况,并针对个别错误率较高学生进行单独的一对一问答。

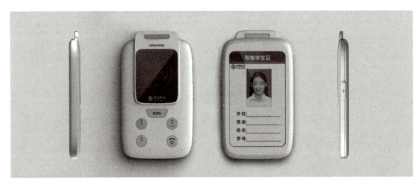

图 2-5　电子学生证

4. 构建开放的教学资源

传统的纸质课本无法满足地理、物理、历史等需要更多想象力的课程的需求,而随着教学从传统教科书向外拓展,物联网将以前无法实现的活动带入课堂,学生能够更好地将虚拟世界与现实世界联系起来,使教学资源也更加丰富。

例如在地理教学方面,虚拟教学模型可以帮助学生更好地理解行星运动和地壳板块的变化,在此过程中,学生还可以借助智能学习笔等终端进行标注操作,在进行习题演练时,还可以与其他同学依据模型进行探讨,巩固学习成果,提高学习效率。

与传统的课本、试卷、视频等教学资源相比,基于物联网的教学资源更具开放性和拓展性。

2.2.3 物联网在智慧校园中的实施应用

基于物联网在智慧校园中的作用，在进行智慧校园和教育信息化建设时，物联网的实际应用主要有以下五个方面。

2.2.3.1 环境感知类应用

环境感知类应用主要以环境感知传感器为载体，对校园环境（如光照度、温度、湿度、空气质量等）进行数据采集和智能分析，通过智能云平台把环境数据同步给校园环境管理人员或者教师、校长，最大限度地为学校提供良好的学习环境。环境感知类应用主要包括教室环境监测和室外环境监测。

教室环境监测方面，校方可以根据自己的需求选择环境监测的参数，包括 PM2.5 指数、温度、湿度、甲醛浓度、紫外线强度、臭氧浓度、噪声强度等。

例如温湿度监测，在教室内安装温湿度监测仪，并对接相关的物联网协议，即可实现对教室内温湿度的数据采集，根据校方的预设值自动调节空调，当室内温湿度高于最高限值时自动开启空调，当室内温湿度低于最低限值时则自动关闭空调，在无人干预的情况下也可以实现温湿度的智能控制。

再如臭氧浓度监测，校方可以设置好教室内的臭氧浓度阈值，通过安装臭氧浓度传感器随时监测教室内的臭氧数值，一旦超过设定的阈值，则通过云平台向管理人员发送报警信息，以使其采取相关调节措施。

室外环境监测方面，主要集中在足球场、篮球场、跑道及其他室外区域，主要监测内容为空气质量，一般情况下，通过安装空气质量检测仪进行集中区域分时间段的数据采集和监测，就可以判断学校的室外环境是否符合学生在室外活动的标准。

2.2.3.2 平安校园类应用

校园安全问题是家长和教师最关心的基础问题，由于学生在校期间的活动不受家长的掌控，部分家长对于学生在校的活动轨迹和出入校考勤尤为关心，同时，进出校园的车辆和人员也会带来一定的安全隐患，单靠学校安保工作人员是难以确保方方面面的安全问题的，因此，通过安装传感器和 RFID 标签、GPS 标签等实现对学生和其他人员、物品、车辆的监控，成为构建平安校园的基础之一。

在学生安全方面，通过向学生发放带有 RFID 标签的智能校徽或电子学生证，或者通过人脸识别，实现学生进出校园的身份认证和智能考勤，自动统计学生的出勤情况，并通过短信或微信等方式同步给家长和教师。同时，家长还可以设置电子围栏的范围，一旦学生偏离安全区域或进入电子围栏禁止入内的区域，就会触发安全报警，以实现对学生在校园内外的安全管理，如图 2-6 所示。

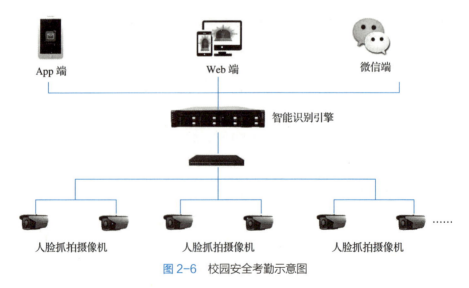

图 2-6　校园安全考勤示意图

在校园安全方面，通过对出入校园的车辆进行认证和定位，在安保人员的协助下，保障校内的交通井然有序，一旦监测到异常情况，会主动报警并通知校园安保人员。

2.2.3.3 智慧教学类应用

智慧教学类应用多采用软硬件相结合的方式，在物联网技术的支持下，将教学终端和学生终端进行统一整合，实现各类传感器和控制器的接入，全面提高教学过程的信息化水平。例如现在很多中小学校配备的智能手写板，在手写识别、光学字符识别（OCR）、物联网等技术的支持下，可以适用于教师备课、学生上课、小组讨论和示范课演示等多种场合，彻底改变了传统黑板板书的输入方式。教师可以用它来设计和展示课件，学生可以用它来做笔记。市面上的很多产品还支持理科公式的手写识别，一键识别就可以变成电子版公式。

2.2.3.4 智慧节能类应用

与校园安全类应用类似，物联网技术同样可以用于校园内的节能减排管理。通过安装传感器实时采集电力系统、用水系统和天然气系统中的各类信息，校方管理者可以根据年、月、日等不同时间维度的用电用水情况，全面了解校园内的整体能源消耗情况，并针对能源浪费比较严重的情况进行治理。

例如在教室内安装光照度的传感器和电器控制的模块，可对教室内的灯光组进行明暗、冷暖的调节，不仅能改善学生的学习环境，还可以实现节约能源的自动化。在光照较强时，自动调暗室内的灯光，在学校放学后，由电器控制模块统一关闭所有教室内的灯光，如图 2-7 所示。

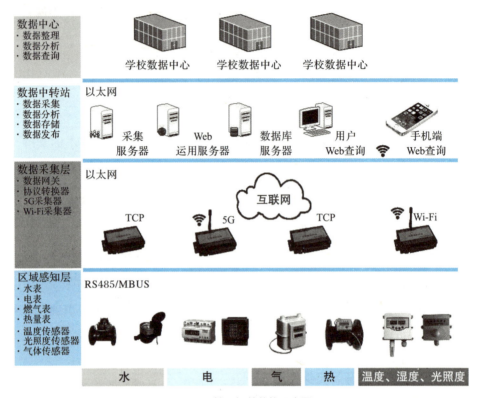

图 2-7　校园智慧节能示意图

2.2.3.5　智慧图书馆

在学生进出图书馆和借阅图书的使用场景中，物联网技术大大提高了图书馆工作人员的工作效率，推动传统图书馆向智慧图书馆加快转型。

在进出图书馆时，在物联网技术的支持下，智慧图书馆可以采用身份ID或者刷脸的方式进行进出图书馆的登记工作，大大节约了排队和查阅学生证的时间，有效解决了遗失、遗忘和冒用的问题。同时，通过在图书馆关键区域设置智能摄像头，可对学生在图书馆内的轨迹进行统计分析，图书馆管理员可通过管理平台实时查看馆内的人流量统计、在场时长统计、图书借阅统计等信息，据此发布限流和图书借阅的通知。

在借阅图书方面，物联网技术可以实现在馆图书的自动盘点，自动识别目标图书在书架上的位置，提高图书借阅和归还的工作效率。借助物联网技术，学生可以通过图书借阅平台查询数据。

物联网作为智慧校园的基础类技术之一，具备智能化、科学化和个性化的特点，在 5G 网络、大数据、人工智能等技术的协同下，可以有效构建智慧校园各个场景下的教育教学环境，让校园内的物体和教师、学生联系起来，让家长和校方联系起来，对于学生主动获取教学资源、利用教育信息化建设成果的能力、提高学校的智能化管理和科学化管理，都产生了很重要的作用。

2.3 Cloud Computing：云上的生活是什么样的

2019年9月，教育部等十一部门联合印发《关于促进在线教育健康发展的指导意见》(以下简称《指导意见》)，鼓励社会力量举办在线教育机构，综合运用大数据、云计算等手段发展智能化在线教育；推动线上线下教育融通，推动在线教育资源研发和共享。

《指导意见》充分肯定了大数据和云计算对于在线教育的促进作用和重要意义，那么什么是云计算呢？

其实，大家在日常工作中经常听到的"云网融合""云网数一体化"也属于云计算的一部分，它其实是分布式计算的一种，指的是通过"云"将巨大的数据计算处理程序分解成无数个小程序，然后，通过多部服务器对这些小程序进行处理和分析，并最终将分析结果返回给用户。

云计算的优势在于其可以将海量的计算机资源整合起来，从而让用户通过网络可以获取无限的资源，这些资源不受时间和空间的限制，可以根据用户的需求进行动态配置。

2.3.1 云计算在智慧教育中的应用

在教育行业，云计算可根据学生和教师的需求提供云计算资源和工具，例如教师可以将视频、课件等上传到云端服务器，实现不同学校和区域之间的教育资源共享与管理，即使是跨区域的学生，只需要利用电脑等终端设备，就可以通过教育云获取所需的教育资源。云计算可以促进教育资源在不同区域之间的流动与共享，实现教育资源均衡化。

在此基础上，合理利用云计算技术在教育行业内的优势，提高智慧教育的建设水平，已经成为广大教育从业者的共识。如图 2-8 所示，云计算在智慧教育方面的作用主要包括三个方面。

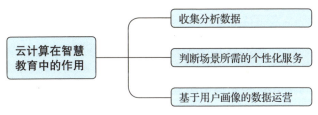

图 2-8　云计算在智慧教育中的作用

1. 收集分析数据

云计算的优势在于处理和分析海量的数据，当不同学校的用户使用教育云平台时，云端可以收集教师用户下载、编辑和上传教学资源的行为数据，以及学生用户浏览教学资源、完成作业试卷和查看通知的数据，并通过对教师教学过程和教学评价的分析，对云平台的教育资源数量、质量以及用户使用云平台的流程进行优化。

2. 判断场景所需的个性化服务

在收集分析用户数据的基础上，云平台可以根据用户的使用状态、使用终端、在线时长、使用需求、使用频次等数据，判断用户使用云平台的具体场景，例如用户在线时间相对较长，但是下载教育资源的频次较低，存在在不同页面之间点击切换的行为，说明用户对于平台资源有需求，但因年级、科目、教材版本或资源质量无法满足用户需求，那么平台就需要进一步丰富教育资源的维度，满足用户的需求。

诸如此类的场景，都可以通过云计算不断分析用户在不同场景下的使用行为，为不同的用户提供他们所需的个性化资源和服务。

3. 基于用户画像的数据运营

随着教育教学数据在云平台上不断产生，云计算可以根据用户的行为、属性、兴趣、使用场景等标签建立完整的用户画像体系，为云平台的大数据分析和后续运营提供支撑。

2.3.2 云计算技术的部署方式

云计算技术在智慧教育中的部署方式主要分为基础教育资源云平台、教培机构混合云平台、区域云平台、校园云平台四类，如图2-9所示。

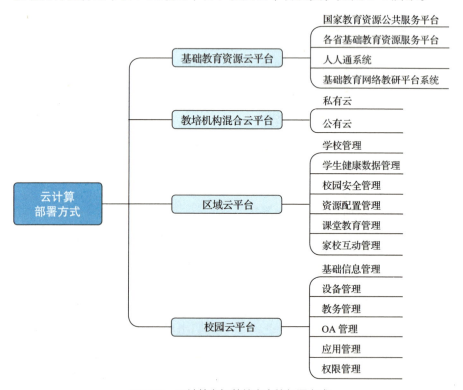

图 2-9 云计算在智慧教育中的部署方式

2.3.2.1 基础教育资源云平台

基础教育资源云平台多属于教育政策层面的教育云平台，例如国家教育资源公共服务平台、各省基础教育资源服务平台、基于国家课程教材的教师备授课系统、人人通系统、基础教育网络教研平台系统等资源，一般面向全国或全省的中小学校、职业学校提供教学资源、教育管控资源等服务，具备一定的公益性和普适性，对于各地市地区的个性化需求尚无法满足。

2.3.2.2 教培机构混合云平台

与公共教育资源云平台形成对比的是教培机构的混合云平台，出于企业数据安全的考虑，教培机构一般采用私有云和公有云相结合的混合云部署方式，相对于公有云平台而言，教培机构的混合云平台一般由专业的建设人员和运维人员进行运维巡检工作，成本相对较高。

2.3.2.3 区域云平台

区域云平台与教育资源云平台的相同之处在于，都汇聚了适用于某一区域的教学资源和教育管控资源，不同之处在于，区域云平台的教学资源适用范围相对较小，多为某个省或者地市区域，而区域云平台可以为该区域内的用户提供更多个性化的服务，主要包括以下几个部分。

1. 学校管理

学校管理主要是学生基础数据的管理，包括角色（学生、家长、老师、学校管理者）、设备管理（监控摄像头管理、考勤门禁管理）、人员身份识别库管理（人脸、卡、指纹）、权限管理，实现一个区域内校园用户的统一创建和管理。

2. 学生健康数据管理

学生健康数据管理是基于可穿戴设备和云平台共同实现的，主要包括以下几个方面。

运动：通过手环、手表等可穿戴设备获取学生的运动步数、心率等数据，综合学生的身高体重等固定数据，综合分析学生的健康情况。

体温：体温数据是新冠肺炎疫情期间的必备数据，可以通过自动测温设备，在师生入校时自动检测其体温数据，发现异常数据时进行实时预警，云平台将学校的体温数据进行综合分析后同步给学校管理员，为新冠肺炎疫情期间的管理工作提供数据支撑。

病假：通过云平台内学生请假的数据进行数据统计和分析，针对集中出现的病假情况进行预判预警，对季节性疾病提前做好防御措施。

3. 校园安全管理

在上一节我们提到了可以借助传感器和 RFID 标签、GPS 标签等实现对学生、车辆的监控，而云计算可以进一步实现对校内人员和车辆的实时监控，对于异常人群密集情况和异常车辆行驶状况做到及时预警，并将相关人员和车辆的信息通过云平台推送给安保人员和校方管理人员。

4. 资源配置管理

区域云平台可以进行学校资源的配置管理，通过对学校内的教师数、班级数、教室数、宿舍数等数据进行统计后，分析教师资源是否存在欠缺，教室和宿舍是否存在硬件设备上的不足，为区域内教师和学生的资源配置提供数据支撑。

5. 课堂教育管理

在课堂教育环节，传统教育始终存在着数据无法统计的难题，学生和家长无法评估学科和课程的分配比例是否科学,教育主管部门无法系统地对区域内所有学校的课堂开设过程进行交叉对比分析。

区域云平台可以通过统计区域内各学校课程开设比例,课时分配情况,课程覆盖率,音乐、体育、美术占比等情况,对区域内课程开设的情况进行统一管理,确保科目分配比例均衡化,全面推进学生在义务教育阶段的素质教育改革。

6. 家校互动管理

传统教育中经常存在家庭教育缺失或教育方式不当的情况,其中一个因素就是没有建立起有效的家校沟通的桥梁,教师难以将科学的教育观传递给家长,形成了家庭教育和学校教育相互割裂的情况。

区域云平台一方面可以协调学校资源和社会资源,为家庭教育的开展提供教育资源和教育理念方面的支持,帮助家长建立科学的教育观念;另一方面也可以与家长同步学生在学校的学习情况和知识薄弱点等信息,激发家长开展家庭教育的主观能动性,建立学校和家庭互通互融的管理方式。

2.3.2.4 校园云平台

在部分教育信息化程度较高的学校,在区域云平台之外还建设了独立的校园云平台,校园云平台的核心优势在于教育资源的独特性,教师和学生的教育教学管理只在校园云平台内进行,保证了教育资源的高质量和教育信息的安全性。一般来说,校园云平台包括以下方面。

1. 基础信息管理

基础信息包括学校教师、学生和家长的基础数据信息,如姓名、年龄、性别、手机号等信息,通过校园云平台可以实现对基础信息的新增、修改、删除或批量导入导出，在基础信息的基础上，可以对教师群体和学生群体进行设备配置和应用配置。

2. 设备管理

设备管理包括学校内的固定设备和可移动设备，包括校门口和公共区域的校园安全设备，以及普通教室和多媒体教室中的教学设备等，可以通过校园云平台对连接到云服务的设备进行统一的管理，包括进行添加、修改和删除等操作。

3. 教务管理

教务管理包括传统的普通排课管理和走班排课管理，教师可通过校园云平台实现年级课表、班级课表、教师课表和学生课表的生成，并根据实际情况进行调整，系统分析排课时间安排的合理性，避免排课时间重叠或遗漏。

4. OA 管理

OA 管理包括信息管理、流程审批、会议管理、人事管理、财务管理等。通过校园云平台可以实现学校、班级的重要信息和通知的发布，教师及学生可以通过校园云平台快速查看学校的新闻、通知等；教师和校长可以通过校园云平台完成公文信息及行政事务的自动化审批，如课程管理、教学设备管理、绩效考核等，实现公文的自动化处理；同时可以完成各项会议的安排、通知、登记和会议纪要的统一发布管理，必要时可以通过远程视频会议室的方式进行会议管理，及时记录会议的沟通成果。

5. 应用管理

应用管理包括在校园云平台或智慧校园 App 中各应用的规则设置、授权和数据管理等，根据不同角色、年级或班级、订阅情况等进行应用的规则定义和权限设定等。

6. 权限管理

权限管理指根据校园用户的不同角色进行账号的建立、开通和权限管理，针对不同角色的工作职能指定各子系统的权限。

2.3.3 云计算在校园建设中的短板

根据不同学校对于云平台和云计算的需求，目前广大中小学校和高等院校已经开展了不同程度的云计算建设，但在充分发挥云计算技术在智慧校园建设中的作用方面，目前云计算在教学实际过程中的应用范围依然偏窄，部分学校对于云计算技术的了解不深入，缺乏云平台的建设能力，教师和学生仅仅使用了校园云平台的部分功能，究其原因，主要包括以下两个方面。

2.3.3.1 云计算建设力量薄弱

目前云计算技术主要应用于互联网及相关信息行业，在智慧校园的建设中还存在着基础不够、力量薄弱等问题，主要表现在缺乏云计算的专业技术人员、与应用场景结合不紧密、师资储备力量不足等问题。

1. 缺乏云计算的专业技术人员

很多学校还没有意识到云计算在教育信息化中的关键作用，自然也没有引入专业的技术人员从事该部分工作，在专业技术人员的培养方面投入的资源过少。

2. 与应用场景结合不紧密

由于对云计算的相关知识了解不足，学校无法将云计算技术与实际应用场景结合起来，在云平台建设、个性化推荐、大数据分析等方面，不能发挥云计算技术的优势。

3. 师资储备力量不足

部分教师由于各种原因对云计算等新技术的接受程度有限，部分学校对新技术的重视程度不够，在云计算方面的培训力度和师资储备都存在着一定的不足。

2.3.3.2 云计算建设模式单一

目前云计算在校园市场中的应用还存在着建设模式单一的问题，由于缺乏专业的云计算技术人员或方案提供商，在开展云计算建设时，对于云计算的深层次内涵和广泛使用场景认识不足，对云计算技术在智慧校园建设中可以发挥的作用缺乏认知，因此也无法将应用方案与校园实际情况相结合，进而实现更加科学化和系统化的建设目标。

2.4 Big Data：让因材施教不再困难

在讲大数据和智慧教育之间的关系之前，我们先来讲一个小故事。

来自成都的李老板在线下教育培训机构工作几年之后，意识到在线教育才是大势所趋，于是跟几个同事一起做了个"火锅英语"的网站和App，想通过在线刷题、视频、直播等方式提高学生的英语学习成绩。

产品上线之后，经过一段时间的推广，积累了一定数量的用户，但是时间不长，用户的增长就陷入了瓶颈期，李老板看着每天的用户数据和使用情况困惑不已，不知道是应该去继续购买视频内容，还是改变直播的学习内容，又或者是从英语学科扩展到更多的学科。

这是李老板做在线教育产品遇到的第一个难题，虽然已经有了产品数据，但不知道如何处理这些数据，一个一个地做用户调研显然不现实，如果要给用户和教育资源打标签，看看不同标签下的用户是怎么转换的，不同标签的教育资源使用率如何，对于李老板这种单打独斗的创业者而言压力太大。

这个时候就需要引入"大数据"的概念，李老板接下来要做的事情就是做App数据埋点，对用户在App内的使用行为建模，从收集上来的数据中提取有价值的信息，找到自己想要的答案。

上面的这个小故事里讲的仅仅是一个简单的教育App在使用过程中可能遇到的问题，对于市场上相对完善的教育类产品而言，大数据不仅可以让运营人员可以更好地发现用户留存方面的问题，而且可以根据学生浏览教学资源的数据对学生的学习习惯、关注知识点、考点和难点进行分析和调整，在此基础上对教学资源打标签，最终达到自适应学习的结果，也就是在使用 App 的过程中出现学习困难后，由系统随时匹配需要掌握的知识点和同类题目，做什么题目不是由老师在直播之后指定，而是由系统匹配。根据学生对于不同知识点的掌握情况，大数据分析会得到最适合这个学生的教学资源，反馈的过程由原有的人工协助和事后反馈，变成了机器即时反馈。

那么，接下来，我们来更加详细地探讨一下李老板要搭建基于教育大数据的个性化服务体系可以从哪些方面入手。

广义的教育大数据是指我们身处的这个世界中与教育相关的一切事务，从教育的主体，到教育行为的发生，全都能够被细化成一组组的数据，这不在本节内容的讨论范围之内。

狭义的教育大数据就是教师和学生在进行教育教学过程时产生的海量数据，包括学习主体、学习场景、学习行为、学习过程、学习结果等数据。这些数据具备数量多、类型多、形式多等特点，在以往的通信系统条件下，不易进行标准化的收集整理，即使对这些数据进行了存储，也无法针对性地开展研究，为教育教学提供帮助。

而 5G 通信的高带宽、高速率和低时延让以教育大数据为基础的个性化学习成为现实，从数据层、业务层、表示层三个层面共同建立起适用于多个学校和学生的个性化学习服务系统。

2.4.1 数据层：个性化学习服务体系的底座

个性化学习系统的数据层不包含任何代码，只有数据库，还有相关的存储过程，通过对学习主体、学习场景、学习行为、学习过程、学习结果等大数据的存储，构建个性化服务系统的实施基础。根据大数据在业务层的不同用途，又将数据层的大数据分为三种类型。

2.4.1.1 知识水平大数据

在 5G 智慧教育中，可以体现学生知识水平的大数据主要来自学生课前、课中、课后三个环节的学习过程，包括学习行为数据、学习检测数据和课后反馈数据。

学习行为数据来自课前预习、课堂互动、课堂笔记、课堂讨论等环节产生的数据；

学习检测数据来自习题、测试和考试环节产生的数据；

课后反馈数据来自课后反馈、反馈回应等环节产生的数据。

通过统计分析上述三个部分的学生数据，可以更加精准地判断学生的现有知识水平处于哪个层次，并进行针对性的教育教学和家校教育。

1. 学习行为数据

学习行为数据是通过统计分析学生在课堂教学过程中的行为表现，对学生学习知识的第一现场进行分析和复盘，例如通过分析学生在课上响应教师提问的次数、回答正确的次数、主动提问的次数，可以了解学生在课堂上的学习专注度和知识理解能力，为课堂教学的策略调整提供行为数据依据，如表 2-1 所示。

表 2-1 学习行为数据及内容

学习行为	内容
课前预习	预习完成次数、预习内容
课堂互动	互动次数、互动对象、互动内容
课堂笔记	笔记字数、笔记内容、笔记科目、笔记正确率
课堂讨论	讨论次数、讨论对象、讨论内容

2. 学习检测数据

学习检测数据是通过统计学生在习题、测试和考试中的数据，分析学生对课堂知识的掌握情况。例如，通过统计学生做日常习题的时长、正确率、错误率等数据，可以判断学生当天的学习情况和知识掌握情况；而统计学生在阶段性考试中所用的时长、正确率、错误率等数据，可以判断学生在一段时间内的学习情况和知识掌握情况。不同统计时长的学习检测数据反映了学生在各个阶段不同的学习状态和知识掌握情况，为业务层开展个性化资源推送提供依据，如表2-2所示。

表2-2 学习检测数据及内容

学习检测数据	内容
习题	习题内容、习题类型、正确率、错误率、完成时长
测验	测验内容、测验类型、正确率、错误率、完成时长
考试	考试内容、考试类型、正确率、错误率、完成时长

3. 课后反馈数据

课后反馈数据通过分析学生在课后对课堂教学的反馈次数和内容，判断学生对于课堂知识的掌握情况，是否对课堂知识进行了深入思考，以及课堂学习中出现的个别问题，如表2-3所示。

表2-3 课后反馈数据及内容

课后反馈数据	内容
课后反馈	反馈次数、反馈内容、反馈对象、反馈方式
反馈回应	回应次数、回应内容、回应时长、回应方式

2.4.1.2 用户习惯大数据

用户习惯大数据侧重于学生在使用在线学习或远程教学时的用户习惯数据的收集和分析，通过分析学生在远程观看视频或直播时的反应，使用在线教育工具的情况，分析出学生对于在线课程内容的满意度或者接受度。

例如当学生在学习过程中出现了多次点击暂停或快进键的行为，又或是提前关闭了视频，这说明学生对课程内容并不满意，提前结束了学习；在学生按章节顺序学习的过程中，假如当学习到第十章的时候，学生又返回来学习第五章的内容，说明第十章和第五章的知识存在一定的关联，而学生对于第五章的内容已经遗忘了。根据诸如此类的用户习惯数据分析，可以知道学生是否在积极主动参与到在线学习中，以及是否遭遇了某种学习难题，这样就把所有的学习个体都纳入了大数据分析的体系中，为下个阶段构建用户画像奠定了数据基础，如表2-4所示。

表2-4 用户习惯数据及内容

用户习惯数据	内容
资源观看	资源内容、观看时间、观看时长、观看暂停次数、观看频率
资源下载	资源内容、下载时间、下载路径、下载终端
资源上传	资源内容、上传时间、上传次数、上传格式、上传终端
资源分享	资源内容、分享次数、分享渠道、分享对象
教学工具	工具名称、工具对应科目、使用时间、使用时长、使用频率

2.4.1.3 环境感知大数据

环境感知大数据正是通过穿戴在用户身上的移动端设备，基于移动设备上种类繁多的传感器，通过智能终端进行移动端的环境智能感知。从人、环境、行为三个维度对用户进行分析，从而让移动设备可以得知当前的学生处于什么样的环境中，又在进行什么样的学习。

例如教师把AR技术应用到课堂中，为学生展示可视化的历史事件时，可以收集到学生使用的终端类型和型号，在学习过程中，传感器可以收集学生心率、光感等数据，如表2-5所示。

表 2-5 环境感知数据及内容

环境感知数据	内容
环境数据	学习内容、学习时长、学习时间等
终端数据	网络情况、位置信息、终端设备型号等
传感器数据	加速度、光感、重力、心率等

2.4.2 业务层：基于大数据的学习者数字画像

大数据系统的业务层主要是根据数据层收集来的信息，针对学生的行为特征、学习水平、用户属性构建用户画像，进而为后续的个性化智能推荐打好基础。根据数据层的分类结构，也可以将业务层的用户画像分为基于知识水平、用户习惯、环境感知三个方面的用户画像。

2.4.2.1 基于知识水平的用户画像

基于知识水平的用户画像主要针对课前预习、课堂学习和课后反馈三个阶段的学生数据进行数据建模和分析，通过挖掘学生在学习行为、学习检测和课后反馈的数据，可以得知学生在围绕课堂学习为中心的学习行为中出现的需求和问题，并在此基础上向学生出具学业诊断报告、学习资源、试卷习题和提升计划，帮助学生制订更加适合个人发展的学习计划。

2.4.2.2 基于用户习惯的用户画像

基于用户习惯的用户画像主要对学生在线学习中反映个性化学习习惯的数据进行统计分析，通过学生使用教学资源和教学工具的行为，结合对应科目的章节信息和知识点信息，形成基于用户习惯的大数据用户画像，从而为学生提供符合其个人习惯的学习资源和服务。例如学生观看视频资源的时间往往集中在放学后，那么可以在放学后向用户推荐与当天的学习内容相关的视频资源；例如学生对于某一章节的教学视频反复观看，则可以向其推荐相应章节的练习题目和试卷试题。

2.4.2.3 基于环境感知的用户画像

基于环境感知的用户画像主要针对学生使用终端设备时的数据进行分析，通过统计学生在学习时使用的终端类型、学习内容、学习需求、感官感知等数据，构建学生在使用智能终端时的用户画像。

例如学员借助 AR/VR 设备进行虚拟实验操作时，通过统计学生操作过程中的重力、加速度、重量等数据，了解学生是否掌握虚拟实验中的仪器、试验品、操作步骤、实验结果等内容，对于学生没有彻底掌握的实验步骤和知识，可以通过智能终端再次进行验证，并在实验结束之后向学生推荐相应的教学资源。

在业务开展的过程中，以上三个环节的用户画像并不是完全割裂的，而是经过单个维度或者多个维度的综合画像，完整地描绘出学生在课堂和课外学习中的学习状态和学习行为，从而为学生提供适合其个人发展的学习计划、学习资源和知识结构等。

2.4.3 表示层：大数据比你更懂学习

在数据层和业务层的基础上，表示层可以建立统一的规则设定、算法匹配、个性化推送的上层系统，让学生的基础信息、学习资源、学习习惯、学习环境等信息建立起个性化的对应关系，按照用户画像进行智能化的推荐和选择。

例如你在课堂教学中多次向教师提问关于三角函数的问题，那可能是你对三角函数的知识掌握不够；在线上学习中，你多次重复观看关于正弦余弦的视频，那么你可能更加关注正弦余弦的学习资源；在观看视频之后，你还多次把相关的视频分享给微信好友，那可能还有同学也没有掌握相关的知识点。

通过这几条数据，大数据系统就可以得到一个简单的结果：你和班上某位同学大概率没有掌握正弦余弦的知识点。

在数据层海量数据和业务层用户画像的基础上，表示层可以呈现出来的结果是丰富多样的：

放学之后，可以知道你在哪个时间段打开在线教学软件观看视频；

学习某个章节之前，可以知道你的知识掌握程度属于哪个水平，以便推荐符合你学习水平的学习资源；

分享学习资源的时候，可以知道你经常采用的分享方式，以及你平时交流学业的社交圈。

对于学习主体来说，可能之前都未曾注意过有如此之多的数据层次，但在大数据技术的支持下，甚至不用学生做什么操作，就可以系统地收集、分析这些数据，并做出相应的处理。

在未来的教育学习中，我们每个人在学习过程中的每一个行为操作，都会形成可以量化的数据记录，成为机器中对于学习个体的描述信息，我们在课堂上的学习行为、观看的学习视频、与教师的课后交流、与同学的习题讨论、期末考试的成绩，每一个行为都会被大数据系统所记录下来，而这些信息将会被转化为个性化教学的数据依据，表现出学生在学习过程中所呈现出的不同特征，并根据这些特征进行个性化的学习辅导计划。

2.5 Edge Computing：连接云和用户的桥梁

随着 5G 通信网络的迅速发展，各行业对于网络质量、算力服务、响应能力等方面的要求也随之更为严苛，为了满足各行业在终端、网络和算力方面的需求，最常见的解决方案就是将生产环境下沉，在靠近用户侧进行部署，也就是所谓的边缘云计算（Edge Computing）。

边缘云计算是构建在边缘基础设施之上的云计算能力，与中心云和物联网终端形成"云边端三体协同"的端到端技术构架，通过把信息转发、存储、计算、分析等工作放在边缘侧处理，降低网络的响应时延，减轻云端分析压力，降低带宽压力和成本，并能提供全网调度和算力分发等服务，其架构体系如图 2-10 所示。

相对于中心云而言，边缘云与移动网络的融合更加紧密，将中心云处理的程序和数据下沉到边缘侧之后，可以在更靠近用户的地方提供信息转发、存储、计算、分析等服务，用户在使用终端设备访问服务端的时候，可以不通过中心云进行处理，而是由边缘云进行处理，传输的连接线路更短，终端交付的时延也相应降低。

对于运营商而言，由于终端和服务端之间的距离缩短，数据报文不需要经过运营商骨干网,可以节省运营商的骨干网带宽资源,在同等的带宽条件下,可以支撑更多的用户连接,并且提升用户使用终端的用户体验。

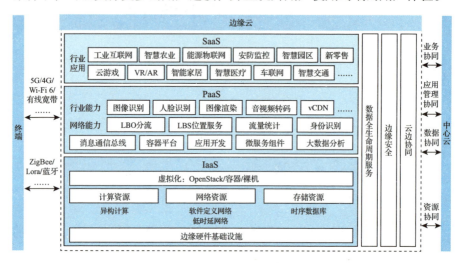

图 2-10　边缘云架构体系

资料来源:艾瑞咨询《2021年中国边缘云计算行业展望报告》。

2020年8月20日,天府第七中学、中国移动(成都)产业研究院、中国移动四川天府分公司联合发布全国首个5G智慧校园技术方案,并宣布在天府第七中学正式上线全省首个校园级5G教育边缘云平台。

基于5G智慧校园技术方案,天府七中上线四川省首个5G教育边缘云平台。该平台向下可以实现对学校的各专项应用的对接,解决数据标准化和数据采集问题,向上可提供数据驱动的校园管理和运营透视支持,建立数据驱动的教学精细化、资源共享分发平台,成为校园信息化应用入口和商店。

该教育边缘云平台具有四大特色:

一是赋能学校现有设备。教育边缘云平台能够在不更换硬件设备和软件应用的情景下全面提升能力,比如利用校园摄像头,实现校园人物轨迹分析、群聚、危险场景预警等,构建平安校园。

二是连接校园所有装备和应用。打通了闸机、考勤、OA、消防系统等，如只有在学生请假获得批准后，才能顺利通过闸机。遇到消防警报时，学校闸机联动开放，确保师生安全。

三是实现校园数据的汇聚。通过赋能和连接后的海量数据，可以从德、智、体、美、劳等方面形成学生画像，可以从课前、课中、课后实现教师管理，全方位地支撑智慧校园的建设。

四是平台提供网络、计算、存储、数据规范等软硬件资源，可以便利地接入未来的各种新型软硬件应用，快速迭代升级。

（以上内容据《成都商报》综合整理）

通过上述案例可以看出，边缘云本质上依然是云计算范围内的技术，通过统一的边缘云平台进行数据的管控分发，可以有效解决中心云在终端边缘场景的欠缺问题，边缘云平台通过能力接口向下实现对校园内各项应用的开放对接，为校园用户提供数据采集的技术支撑。

2.5.1 边缘计算在直播及高清视频中的应用

教育直播与高清视频是教育边缘云中的典型使用场景，由于业务本身具有"高带宽、高并发、计算密集"的特性，需要满足用户对高清画质、低延时、稳定性以及实时互动等方面的要求，对于直播技术和网络传输技术有极高的要求。

传统的中心云模式下，视频内容主要部署在中心云和本地的 CDN 节点上，用户使用终端访问视频内容时，经历的网络链路较长，在用户访问数量过多时，极易出现网络拥堵和延时。

如果采用边缘云的方式，将视频内容下沉到靠近用户的位置，可以有效缩短传输链路，降低网络时延。教师在进行直播时，将视频、图片等教学内容传输到边缘云节点，由边缘云上部署的程序对教学内容进行编辑合成，并缓存到边缘云 CDN 节点，用户在使用终端设备访问视频内容时，可以实现就近节点的内容分发，减少了中心云的传输压力，同时可以支持高并发的实时弹幕功能，增强了教师直播的视频质量，提升了学生的使用体验。

2.5.2　边缘计算在 AR/VR 中的应用

增强现实（AR）和虚拟现实（VR）在教育行业中的应用场景主要体现为帮助学生将课本上抽象的知识点具象化，为学生提供逼真的虚拟世界，提高学生的学习兴趣和学习效率，具体的使用场景会在第四章中详细论述。

边缘云应用于 AR/VR 场景，是用户通过将 AR/VR 素材上传到中心云后，首先由中心云将素材分发到各个学校部署的边缘云上，实现边缘云和中心云的数据同步，当学生佩戴 AR/VR 设备访问边缘云时，就可以使用已经同步到边缘云的 AR/VR 素材进行学习。

AR/VR 应用同样需要高带宽和低时延的网络传输支持，边缘云进行 AR/VR 素材分发，大大提高了学生在虚拟世界学习的沉浸感，减少了对中心网传输的高度依赖。

2.5.3　边缘计算在智慧校园中的应用

智慧校园应用中的数据传输主要包括校园内的通信数据及 IoT 设备的感应数据，通过收集校园内各类传感器的数据，由平台预判校园内可能出现的各种状况并提前做出对策。

在部署了大量传感器的智慧校园中，无时无刻不在产生着大量与教师学生息息相关的数据,如果这些数据全部交由中心云来处理,一方面会给中心云造成巨大的网络负担,另一方面也会导致数据传输不及时,影响校方管理人员快速决策。

如果这些数据在边缘云就近处理,不仅能大幅度降低网络负载,数据的处理能力也会得到快速提升。例如在校园内安装环境监测传感器设备,实时监控检测到室外空气中包括 NO_2、SO_2、CO、过敏性花粉、PM2.5、PM10 等空气污染物的数据,将这些数据上传到边缘云进行处理,可以在环境出现异常时及时通知校方管理人员。在智慧校园中会存在许多类似这样需要迅速做出数据分析和判断的实时性场景,都需要借助边缘云进行数据诊断和分析。

除此之外,智慧校园内部可能还存在一些基于位置的应用,比如校园内车辆导航,可以由终端设备将实时位置的数据传输给边缘云进行处理和决策,可以高效率地保证校园内人员和车辆的安全。

相对于传统的中心云服务,5G 通信网络下的边缘云在带宽、时延和连接数量方面都展现出了明显的优势,可以为包括教育行业在内的多个垂直行业提供更加高效的数据处理能力,结合物联网、云边协同、AR/VR 等技术,5G+ 边缘云已经成为万物互联的基础条件,将支持教育应用场景进行更多改革和创新。

对外汉语学习者的福音:AI 老师汉语学习系统

人工智能可以帮助老师和学生提高教学和学习效率,比如在备课环节,教师可以基于大数据学情分析完成教案的个性化生成,并可以直接采纳 AI 系统推荐的优质教学资源;在授课环节,AI 助教可以帮助教师完成部分教学任务,并将学生的状况反馈给老师,而老师可根据 AI 助教的反馈情况更有针对性地辅导学生。

对于人工智能和教育行业的融合，以往我们了解更多的是中小学和高等院校的科目教学，其实在汉语作为第二语言的教学过程中，人工智能也发挥了重要的作用。

2021年，为了更好地应对人工智能与教育融合所带来的风险与挑战，联合国教科文组织出版了《AI与教育：给政策制定者的建议》(*AI and Education: Guidance for Policy-Makers*)，探讨了教育公平性、全纳性、性别平权和隐私保护等前沿话题，肯定了中国在人工智能与教育融合领域的迅速发展与具体实践。其中，好未来研发的"未来魔法校AI英语项目""AI老师汉语学习系统"被联合国教科文组织当作"AI+教育"的优秀案例纳入报告之中，并向全世界政策制定者推荐。

"AI老师汉语学习系统"主要面向普通话学习者和以汉语为第二语言的学习者，通过表情识别、语音识别、双语语料库等技术手段，帮助学习者开展汉语学习。

1. 普通话学习者

2018年5月27日，国务院扶贫办在四川昭觉县启动凉山州"学前学会普通话"项目。同年10月，好未来集团与凉山州人民政府签订了网络扶智协议，旗下学而思网校为昭觉县定制开发了"AI老师普通话教学系统"。

在课程内容研发阶段，学而思网校与当地教体科局、语委合作梳理了常用的彝语词汇，形成了彝汉双语语料库，然后邀请当地幼儿教师手绘相关图片，录制了彝汉双语音频，为彝族学生定制开发了一套"AI老师普通话教学系统"。

当学生用普通话读"妈妈"，终端设备的屏幕上会出现一个彝族妈妈的卡通形象，穿着彝族的服饰，AI 老师会先用彝语读"阿姆拉"，也就是彝语的"妈妈"，再用普通话读一遍，孩子们可以跟随 AI 教学系统进行学习。

"AI 老师普通话教学系统"在帮助偏远地区的孩子们学好普通话方面成效显著。截至 2020 年年底，该系统已覆盖四川昭觉县 252 个学前教学点、近 9 万名学生、2000 多名老师。

2. 以汉语为第二语言的学习者

"AI 老师汉语学习系统"主要用于对外汉语教学，系统融合了表情识别、语音识别与测试等 AI 技术，不仅能实时对学生的发音进行智能评测和纠正，还可以为对外汉语学习者提供拼音、词汇、语法等方面的教学。

例如学生在系统的引导下完成汉语句子的发音后，系统可以实时对学生的发音进行评测和打分，并将评测结果同步给学生，对于学生发音不当的部分，还可以提供发音是否准确、关联词是否恰当、词汇应用是否合理等方面的建议，让每个学生都可以得到更加智能的 AI 汉语辅导。

目前，"AI 老师汉语学习系统"支持克罗地亚、英国、波兰、捷克、匈牙利、俄罗斯等多国语言。以英语为例，学生进入系统后可以选择对应的中文学习素材，由系统进行领读，学生自主进行跟读学习，完成学习后，系统自动生成学习报告，学生根据学习报告进行针对性的查缺补漏。

在汉语教学方面，AI 技术已经可以实现语音识别、语音测评、自适应学习、自然语言处理、机器学习等多项技术的综合应用，不仅可以实现每一位汉语学习者的自主学习和科学互动，还可以提供基于语料库的学习效果评测和反馈，即使在教师资源不足的国家和地区，也可以随时随地进行汉语的教育教学，为世界范围内汉语教育的推广普及树立了良好的标杆。

第三章
5G 时代的教育模式会发生哪些变化

- 3.1 5G 教育新模式：智能化，普适化
- 3.2 5G 教育新生态：轻平台，重连接
- 3.3 5G 教育新行为：个性化，人性化
- 3.4 5G 教育新评价：素养导向，过程管理
- 案例　5G 网络与直播教育能擦出怎样的火花

3.1 5G教育新模式：智能化，普适化

随着5G通信技术的不断普及，教育的整体环境和模式必然随之改变，新的教育既依赖5G、云计算、边缘计算、大数据、人工智能等新型技术，也依赖传统教育模式的主动融合和改革。

一方面，5G教育模式的新特征将集中体现在智慧学习场景的构建，智慧终端和系统的应用上，以智能化的技术手段提高教育教学的效率和效果；另一方面，5G教育模式将实现更加深层次的普适化，让教育过程的所有相关方都参与其中，推动开放式的学习模式不断发展。

3.1.1 5G教育模式的智能化

5G时代，物联网、人工智能、云计算、边缘计算等技术将更加深入地参与到教育的智能化进程中，通过智能终端、传感器、物联网、5G网络全天候识别教师和学生在教育教学过程中的行为数据，实现教育过程从数字化向数据化的转变，揭示学习行为的内在逻辑和关系。

智能终端和传感器通过5G网络和物联网收集学生在学习过程中的数据，借助边缘计算和5G网络传输，实现教育决策的科学化和实时化。

5G网络实现AR/VR教育、远程教育、机器人助教等多种教育形态的扩展，为教育数据的传输提供高速、稳定、低延时的服务保证。

人工智能通过人脸识别、行为识别、表情识别、深度学习等技术，为教学过程提供决策参考，避免传统课堂中教师无法针对所有学生开展个性化教学的弊端。

云计算和边缘计算则为数据在不同平台之间的算力提供保障，在5G网络的支持下提供实时的数据计算，实现教育的智能化。

5G教育模式的智能化是上述技术在教学、教育、管理、课程评价等环节的全流程应用，以更加全面和智能的数据收集传输和分析为手段，推动传统教育模式的改革，促进教学模式、信息传输模式、课堂评价模式的创新，为教师、学生、家长和教育主管部门提供更加精准化、个性化和智能化的服务，形成数字化、网络化、智能化的融合。以人工智能为例，作为5G教育模式智能化的关键技术之一，人工智能已经在自适应学习和个性化推荐等方面展示了自身优势，大大减少了教师在课上和课下的重复性工作。

3.1.1.1　教学管理方面

人工智能可以充分发挥行为识别、表情识别、语音识别和自然语言处理等方面的优势，实现人机交互在教学过程中的应用，依据学生上课时的表现对学生进行课堂互动和课堂行为的改进，根据课后完成作业和试卷的数据，对学生进行学情分析，定位知识点短板，为学生提供个性化的资源推送和教学指导。

在课堂管理过程中，还可以在大数据技术和知识图谱的支持下，对学生日常学习行为数据进行深度分析，帮助教师和家长了解每位学生的知识水平，构建个人的学业分析报告。

3.1.1.2　教育决策方面

依靠大数据分析和机器学习等技术，人工智能可以在已经收集的学习数据基础上做出科学预测，形成人机协同的教育决策模式，洞悉教育过程中潜在的问题和解决方案，提高教师分析和决策的水平。

3.1.1.3 校园管理方面

借助更多智能终端的应用，已经初步实现了人工智能在考勤管理、车辆管理、人流管理、水电气风险管理等方面的应用。

在此过程中，5G 通信技术的作用主要是以高速率、高带宽和低时延的特性增强人工智能的数据分析处理能力，降低人机交互的时延，支持海量设备在教育教学环境中的连接，实现人工智能与教学过程的无缝衔接。从而实现教育过程中需要耗费人力的重复性工作由机器承担，需要进行决策的问题由机器提供数字依据，需要提供的个性化教学服务由机器推荐整合，教师主要承担机器的管理、决策的选择和教学服务的验证等工作，从而实现教师和人工智能更高层次的分工协作水平。

3.1.2　5G 教育模式的普适化

5G 教育模式的普适化是基于 5G 网络的一种泛在学习模式，整合了线上和线下的多个教育层面和维度。在这种模式下，教学过程通过平台及各种智能终端保持高效的统一，实现学校、家庭和培训机构的有机结合。

随着传统授课方式与 5G 通信技术的结合，教师单向输出信息的模式已经无法适应智慧课堂的要求，而在部分已经建立教学资源共享平台的地区和学校，教师开展 5G 教育的手段还是以下载课件为主，无法形成教师和学生共同参与的持续性教学过程。学生有了学习困难，也难以实现个性化的解答和知识习得，课上学习和课下学习出现了明显的割裂。

5G 背景下的教育模式是将校园网、智能终端、互联网、教学软件、智慧教室等整合在一起，形成整体的普适化模式，由学生个人的单独学习模式向多方参与的协同学习模式转变，学生和教师面向的是一个开放的、无边际的学习平台，而不是孤立的、有限的学习平台。在普适化模式下，教师和学生的交流不受空间和时间的限制，学习内容的创建、传播、协同作业可以产生实时性的效果，课堂学习也从学校延伸到家庭和社会，教育的所有相关方都可以根据自身需求参与其中。

从教育的本质来说，教育可以促进人类生命个体的健康成长，实现个体由自然人向社会人的高度转化，个体可以通过接受普遍适用的教育知识完成向社会人的转化，不同地区的教师和学生都可以通过各种教育应用参与到教育知识的传播过程中，实现生命个体的健康成长，使不同区域的教育水平趋于均衡化。

3.2 5G 教育新生态：轻平台，重连接

5G 教育是依托大数据、云计算、内容分发和人工智能等技术，在对用户进行优质教学资源按需分配的同时，对用户的教学行为进行大数据分析，以更好地促进教育教学的科学化管理。5G 教育主要可以分为以下几个层次：

感知层：感知层主要是利用传感器、摄像头、电子学生证等终端设备，实现对校园内学生行为活动数据的全面采集；

网络层：网络层是通过 5G 通信技术实现校内数据向边缘云或中心云的快速传输；

数据层：数据层可以完成教育数据的集成融合，并实现数据的存储和计算；

应用层：应用层则是指 5G 教育教学的各类应用，在各类应用的基础上实现智慧化教学。

3.2.1 前端轻量化的优势

在应用层面，我们可以发现目前 5G 教育对于平台和应用的形态更加趋向于轻量化，将重点放在海量用户在访问前端页面时的便捷性和内容的丰富性上，把用户随时随地通过多终端设备获取教育知识和数据分析放在

了体验的首位。

目前国内教育平台普遍存在的问题是用户选择课程时很被动，平台很难将学习内容精准化地推送到用户手上，用户在选择和购买课程时很盲目，或者说受销售人员的影响很大。

为了解决这一难题，部分产品陷入了"大而全"的怪圈，既然无法实现精准化的推送，那就不断地增加教学学科和外购教学资源，这非但不能让用户更加容易地找到所需要的资源，反而会增加运营成本，让轻模式的优势荡然无存。

要解决教育平台和产品在个性化运营方面的难题，就要借助 5G 云计算和大数据分析的能力，在教育平台将上游教育资源的提供商和下游教育资源的最终用户连接起来之后，实时收集用户在平台上的操作行为和学习记录，并将其上传到云端进行统计分析，建立所有用户在平台上的用户画像和行为模型，并通过 Web 端、App 端、智慧盒子、智能电视等多个渠道进行内容的分发，满足用户批量的个性化需求，这样可以让教师把精力放在授课内容的准备上，由云平台进行智能化的获客工作。

换言之，5G 时代的云计算能力是 4G 时代无法比拟的，它所包含的终端数量和传输数据量也是 4G 时代所无法处理的，一方面这是由 5G 通信技术的特性所决定的，另一方面也是由 5G 教育下各种产品形态所吞吐的数据量所决定的。

在此背景下，前端会逐渐轻量化，将更多的数据计算等工作都交给云端处理。5G 网络和云计算不仅需要承担数据存储和传输的工作，还需要完成个人终端的数据处理工作，并保证处理过的数据可以实时地返回给用户。

在第四章提到的 Daydream 平台就是一个轻量化平台的例子，在 Daydream 平台的虚拟实验室中，学生可以访问最先进的设备，在 VR 的世界中进行各种实验——包括电子传递链模拟、细胞遗传学、细胞呼吸、

RNA 提取、基因表达、病毒基因治疗、共聚焦显微镜、无脊椎动物建模、基因调控等在内的一系列实验，而完全无须进入现实世界中的物理实验室进行实验。

从 Daydream 平台的案例中可以看到，整个在线教育平台并不存在使用门槛和障碍，只要是有相应权限的用户都可以通过 Daydream 平台完成实验，而真正重要的部分在于用户在使用平台时的连接体验和内容资源。

3.2.2 用户的连接体验才是首位

随着智能终端上承载的应用软件更加丰富，将有更多用户通过 5G 网络连接到各种教育应用上，而 5G 网络技术可以为海量连接提供技术支撑，理论上每平方公里支持最大连接数量为 100 万台设备，为校园场景中的万物互联奠定了良好的基础。全球移动通信系统协会（GSMA）发布的《2021 中国移动经济发展报告》显示，截至 2020 年底，中国 5G 终端连接数已超过 2 亿，占全球 5G 连接总数的 87%。5G 网络的进一步商用，可以为教育教学生活提供高速率的网络环境。用户通过智能终端和智慧教室不受时间、空间的限制，随时可以通过应用软件享受连接服务，使得线上获取学习资源、享受教育服务、完成教育评价的过程成为常态。

在生态环境搭建方面，我们可以参考新加坡对智慧教育进行迭代升级，并最终形成校内外广泛连接的学习环境，以信息化技术的高度发展带动教育成果的层层递进的做法。

2021 年，新加坡政府在教育方面仍保持着大额的财政投入，教育类支出预算达到 136 亿新元，在智慧教育的建设方面投入了大量的人力、物力、财力，通过由政府引导，建立完善的泛在学习环境，推动信息技术与课程、教学和评价体系的深度融合，对于师资团队可持续信息素养的培养以及跨界研究和创新推动最佳实践的推广和应用，最终实现教育生态的智慧互联。

在这个过程中，智慧教育的建设也贯彻了新加坡建设智慧国家的整体战略，即连接（Connect）、收集（Collect）和理解（Comprehend）。

"连接"的目标是建立安全、高速、经济且具有扩展性的全国通信基础设施；"收集"则是通过遍布全国的传感器获取实时数据，实现对重要的传感器数据的匿名化保护、管理以及适当进行分享；"理解"则是通过对数据进行分析，以更好地预测民众的需求、提供更好的服务。

具体到教育领域，新加坡通过信息技术基础设施建设，为高质量的教学和学习提供灵活的实践指导，通过社会文化基础设施建设，鼓励学校和外部相关利益者及社区建立合作关系，共同促进教育信息化发展，为学生提供高质量的在线学习资源和设计灵活的个性化数字学习内容，将信息技术纳入评价之中，要求教师能利用信息技术实施信息化教学评价，学生能利用技术工具展开自评和互评。

在智慧教育变革的推行过程中，新加坡信息发展部（IDA）和教育部在提供优秀的教学资源、校内泛在学习环境以及家中远程学习终端等方面，与各类学校通力合作，通过5%的"未来学校"和15%~20%的信息技术优秀学校带动其他学校的整体发展，使得智慧教育的成果能层层递进。

（以上内容据网易号、网易新闻等综合整理）

对比新加坡智慧教育建设的案例，我们可以发现我国在信息技术基础设施、教育资源、学习环境、学习终端等方面，已经比新加坡制定智慧教育改革战略时要先进，在5G网络、大数据、物联网、人工智能等技术的支持下，可以从感知层、网络层、数据层和应用层统一进行部署，创建支持海量连接用户的分层次产品和平台，最终实现智慧教育在全国的落地实施。

3.3 5G 教育新行为：个性化，人性化

4G 时代的在线教育已经实现了教育平台和教育资源的广泛应用，教师和学生可以实现课前课中课后对于教育应用软件的合理利用。但在此过程中沉淀的海量数据，还没有得到充分的挖掘和利用，而 5G 教育在物联网、大数据、人工智能等技术的支持下，可以更加科学地实现教育教学行为的个性化。

3.3.1 数据背后的个性化行为

一般来说，学生在学习过程中产生的数据主要包括以下两种：

一是行为数据，包括学生在学习过程中由智能终端、应用软件和传感器所收集的个体行为数据。

二是学习结果数据，包括日常课堂测试的数据与作业考试数据，可以通过分析最高分、平均分、及格率、客观题得分、主观题得分、总得分得知试题的信度、效度、区分度、难度等指标以及学生对于知识点的掌握程度。

5G 通信技术可帮助教师对学生的行为数据和学习结果数据以及教学过程中所延伸的海量数据信息进行实时的采集、传输和分析，将传统的基于单个数据维度的数据分析转变为多维度、深层次、多对象的数据分析和

行为预测，实现不同个体可独立开展的个性化学习。例如英语课的课堂测试结束后，教师可以根据学生的答卷行为和测试成绩，了解学生在词汇掌握、细节理解、推理判断、总结论述等方面的综合水平。

从这个层面来说，无论是中小学阶段的学习，还是高等院校的学习，5G 教育都可以帮助学生实现从标准化知识输入到个性化学习的发展路径，促进课堂教学从教师授课转变为启发式教学，从教师单向输入信息转变为师生协作的信息传输，从统一路径的教学进度转变为个性化、定制化的教学方案制定，最终实现不同个体基于自身条件的健康发展。

3.3.2 5G 教育更加人性化

除了个性化之外，5G 教育更加人性化，主要体现在以下几个方面：

学习方式方面，增强以学生为中心的学习体验，增强学习的乐趣；能力培养方面，提高学生自主学习和思考的能力；师生互动方面，促进教师与学生通过 AR/VR 等新科技展开更多形式的互动。

从目前我国中小学阶段的教育情况来看，学生仍然以传统的标准知识学习为主，学习成果以考试成绩作为评价依据，学生在学校需要花费大量的时间关注学科知识的获取和应试技巧，而教师也会花费大量的精力在备课和授课上，对于学生个体的综合素质培养、学习能力培养则稍显欠缺，整个教学行为的过程不够人性化。

2019 年 12 月 3 日，"全球国际学生评估项目"（The Program for International Student Assessment，PISA）成绩排名中，参与测试的中国（江浙沪京地区）排名第一，新加坡名列第二，芬兰排在第七名。

PISA 是经济合作与发展组织（OECD）开展的针对全球 15 岁青少年的阅读、数学、科学能力评价研究项目，参与国会根据本国学生在 PISA

中的表现与其他国家的学生进行比较，从而反思本国教育的不足，实施相应的改革措施。

对于这个结果，芬兰韦斯屈莱市的校长表示："说实话，我并不关心这个。我关心的是我们学生的生活幸福感，他们能感受到学习的乐趣，他们在日常生活中能管理自己。"

在芬兰人的教育理念中，分数和排名并不能说明一切。相较于分数，学习效率和生活满意度也很重要。

从这个层面来说，芬兰是一个学习成绩领先，同时还做到学习时间全球最短的国家——芬兰初中生的每周阅读时长为 35 个小时。中国学生为 57 小时，新加坡学生为 51 小时，不仅投入的时间成本高，且学生对学习的满意度也处于全球底端。

首先，芬兰学生体会到全情投入的快乐，整个教学过程"以学生为中心"展开，让学生在合作中学、在动手做中学、在真实的场景中学习；

其次，教师针对不同的学生进行差异化教学，让学生掌控自己的学习，不必被动跟着他人的学习节奏。比如在芬兰的小学里，除了有班级课表，每一个学生还有自己的私人课表，每个学生的上课时间、放学时间都有可能不一样。一个班级的 20 名学生会被分成不同小组，每个小组的学习内容和学习时间不尽相同，既有重合，也有分层；

最后，芬兰学生能够自由支配自己的课外时间。芬兰初中生每周课外学习时间有 12 小时，在这 12 小时里，可以根据自身的喜好完成互动学习和游戏。

（以上内容据搜狐新闻等综合整理）

在芬兰的案例中，我们不能完全照搬其教学经验，但可以从其教育体制和教育理念中汲取经验，在 5G 教育快速发展的当下，借助先进技术实现人性化教育行为的弯道超车。

首先，在课程设计和课程改革的阶段，学生就通过问卷和研讨会等多种方式参与其中，指出好的学习体验和不好的学习体验，学校应该怎样促使学生有效和有趣地学习，未来应该具备哪种能力。

其次，在教学过程中，学校每学年必须至少有一门以学生探究式学习为主的跨学科课程，借助 AR/VR 等先进技术进行跨学科、跨年级、跨学校的探索研究，旨在让学生去理解他们自身、社区和社会体系，从而建立他们自身的价值观和世界观。

在此过程中，学生对自我作为一个个体如何获得理解和尊重建立了新的认识，全程参与设计、执行和评价的过程；老师只作为辅助者，教育主管部门则负责提供学习资源、环境以及相关的教务事务，比如提供 AR 及 3D 打印等技术支持。

在实际操作层面，芬兰的教师认为教师在课堂上应该更多地鼓励学生思考和讨论，形成假设，寻找信息，形成新的想法并且合作，而不是以讲课的方式为主。这一转变首先是在思路和定位上的重塑，其次是在实践过程中的不断磨合，循序渐进才能真正地从教学流程、学习环境的打造、跨学科学习、核心竞争力培养等方面形成协同。

芬兰的教育体制和理念与我国有诸多相似的地方，两国同样是以公立学校为主，初中毕业后进行普职分流，以建立公平且有质量的教育体系为目标，在 5G 网络的部署进程上也取得了不菲的成果，2018 年，芬兰通信运营商 Elisa 就宣布开通了商用 5G 网络，属于较早开展 5G 网络商用工作的国家。随着 5G+ 教育在不同城市的推广，我国可以在 5G 网络落地使用的试点城市开展基础教育从知识型向能力型培养的转变，逐步实现人性化的教育新行为。

在师生互动方面，5G 网络的应用同样为新的学习环境和互动场景提供了技术基础,高速率网络、智能终端和物联网从根本上改变了学习的场景,教师和学生不再局限于现实课堂中个体与个体之间的互动,而是不受时间和空间的限制,利用全息投影技术,将教师和学生投影到现实空间中,提高视觉的体验,实现沉浸式教学。利用 AR/VR 技术,打造互动式课程,让学生在虚拟实验室中,实现零距离观察和互动讲解。利用 5G 网络实现物联网和边缘计算的应用,让不同空间的师生也可以进行互动。

5G 网络的发展势必会影响教育过程中的种种行为,为个性化和人性化的教育提供更强大的技术支撑,以海量连接、相关技术和 5G 生态的角色充实教育学习新行为,助力传统教育的新升级,实现个体在教育活动中获得自由的发展。

3.4　5G 教育新评价：素养导向，过程管理

2020 年 10 月，中共中央、国务院印发《深化新时代教育评价改革总体方案》（以下简称《方案》）。《方案》提出，促进学生德智体美劳全面发展，将品行表现作为综合素质评价重要内容，改进中考体测，探索将艺术类科目纳入中考改革试点，将参与劳动教育课程学习和实践情况纳入学生综合素质档案，并稳步推进中高考改革，改变相对固化的试题形式，增强试题开放性，减少死记硬背和"机械刷题"现象。

这标志着教育评价在综合素质和学习结果两个方面发生了变化：一方面，教育评价将从以学科成绩为导向转变为以综合素养为导向；另一方面，教育评价的关注点将从学习结果转移到学习过程上来。

但在具体的实施过程中，如何以教学目标为依据，按照科学的标准对教学过程及结果进行测量，通过对学生学习行为和学业成绩的评价，对教师教学质量进行评价，并最终给予价值判断，依然存在较大的讨论空间。

3.4.1 "宽松教育"对教育评价的启发

我们可以通过日本一波三折的"宽松教育"来讨论综合素养导向和强调过程管理的教育评价在教育改革中的意义。

从第二次世界大战之后到1977年，日本经济高速增长，但学校教育却

出现了很多问题。长期的填鸭式教育导致日本国内的考试竞争激烈，学生压力过大，并由此衍生出校园欺凌、校园暴力等不良现象。在此背景之下，日本文部科学省提出"宽松教育"改革，试图改变学习内容太多、太难的问题，让学生"过上宽裕而又充实的学校生活"。

1977年，日本正式实行"宽松教育"，教学内容减少了20%~30%，课时数也相应减少。

1989年，文部科学省对《学习指导要领》进行修订，把目标修改为"培养能够自主应对社会变化、有丰富人格的日本公民"。

1998年，《学习指导要领》再次经过修订，引入了"综合学习时间"的科目，旨在让学生获得个性化自主学习、独立思考、团队协作的能力，并对学生评价体系做出改革。改革主要体现在两个方面：

第一，以绝对评价为主代替相对评价。即依据学习目标评价每个学生的目标达成度，而非以考试成绩为参照对学生进行排名。学习目标由日本文部科学省在《学习指导要领》中对各学科做出分阶段的目标要求阐述。

第二，根据"兴趣和态度""思维和判断""技能和表达""知识和理解"四个维度评定学生学习情况，使得对学生的评判脱离了单纯的考试结果，而更注重对学生具体学习过程的观察及记录。

2003年，日本学生在PISA测试中成绩出现大幅下滑，加上日本国内对学生学习能力的调查结果也不大理想，所以从2008年开始，《学习指导要领》完全脱离了"宽松教育"，规定学生的学习内容有所增加。

2016年，日本最新公布的《学习指导要领》以培养扎实的学力为目标来进行制定。现在学生学习的内容，与2008年相比进一步增加了。

2017年，日本提出"能动性学习"的概念，在提倡培养学生"生存能力"的前提下，力图在学生综合素质培养、书本知识培养和升学公平中寻找平衡。

（以上内容据《人民日报》、日本《产经新闻》、搜狐新闻等综合整理）

从日本"宽松教育"的发展历程来看，其在学生教育方面强调培养学生的生存能力、深度学习能力、自主思考能力、主动学习能力以及自己解决问题的能力，这个观点始终都没有改变，不过在形式上，把过去减得过多的课时和内容又加回去了，对于培养学生能力和学生评价体系的改革并没有改变。

换句话说，"宽松教育"是相对过去的填鸭式教育而提出来的，重视的是生存能力、自主学习、独立思考、体验式学习，强调学习要有目标；填鸭式教育则是重视标准知识的学习，重视系统化学习，强调考试与学历。前者是对后者进行的一次系统性的教育理念革新。

宽松学习中关于教育评价的改革在中小学教育和高等教育中非常具有开创性意义，但是在 5G 时代之前，如何根据"兴趣和态度""思维和判断""技能和表达""知识和理解"四个维度评定学生学习状况，教师还无法进行以数据为支撑的评价，虽然宽松教育希望对学生的评判脱离了考试结果，但在学生具体学习过程中，教师无法通过观察及记录得到数据化的结果，自然也就无法做出有科学依据的评价，这导致宽松教育的教育评价在具体实施时还存在一定的技术难度。

在 5G 技术与教育行业进行综合之后，上述问题就从根本上得到了解决，通过感知层的传感器、摄像头、电子学生证等终端设备，可以实现校园内学生行为活动数据的全面采集，可以将每一天的教学活动进行数据处理，甚至可以精确到每一个学生每一个知识点，并通过中心云进行教育评价的数据处理和分析，摆脱以往只能靠学科成绩进行评价的弊端，实现向综合素养评价和学习过程管理的过渡。

2022 年 1 月 27 日，工业和信息化部信息通信发展司、教育部科学技术与信息化司发布《2021 年"5G+智慧教育"应用试点项目入围名单公示》，旨在进一步推动 5G 等新技术与教育的融合发展，促进以全面发展为核心的师生评价改革。

在公示名单中,"5G+综合评价"方面包括三个试点,如表 3-1 所示:

表 3-1 "5G+综合评价"应用试点入围项目名单

序号	项目名称	牵头单位
1	5G+智慧教育综合评价系统	天立泰科技股份有限公司
2	江西省"5G+智慧综素融合实践"应用试点项目	中国电信股份有限公司江西分公司
3	5G+教师综合评价	四川省教育评估院

基于 5G、人工智能等技术,通过多样化的数据采集终端,可跟踪和监测教与学的全过程,实现基于数据的过程性、智能性和综合性评价。智能技术使诸如师生情感、态度、思维和行为等非知识类信息的收集变得具有可行性。

基于数据画像,教师能够提供更加精准的学习指导,从而优化教学流程,提高教学质量;学生可以获得满足其个体需求的个性化、适应性的学习支持服务。例如,可汗学院推出的数字化学习仪表盘,利用信息跟踪技术和镜像技术提高了学生知识点的掌握程度,实现了学习内容的个性化推荐。

推动"5G+综合评价",要以促进师生可持续发展为目标,通过运用 5G 网络的云渲染能力和边缘计算等技术,以相对较低的成本开展数据驱动的评价改革。在学生评价方面,要利用 5G 网络、大数据云平台等构建学生智能分析评价系统,支持无感式、伴随式数据采集,建立学生综合素质档案;在教师评价方面,要利用 5G 等技术采集教师课前、课中、课后等各环节行为数据并开展关联分析,对教师的教学实绩和师德师风进行动态评价,促进教师素养的全面提升。

(以上内容据光明网、工业和信息化部信息通信发展司、教育部科学

技术与信息化司《2021年"5G+智慧教育"应用试点项目入围名单公示》等综合整理）

3.4.2 评价学习结果，也要评价学习过程

教育评价的改革转型不仅局限于中小学教育阶段和高等教育阶段，在终身教育和职业教育阶段，教育评价体系也从以往的单一考试证书认证，向多样化的学习过程评价转变。

以 Degreed 为例，Degreed 是美国一家提供终身在线学位平台的教育公司，主要面向寻求培养、提升员工技能的企业客户，专注于帮助用户记录、分析其学习经历，技能和成就，发挥学习行为的价值，其主要产品包括产品电子成绩单与证书管理系统 Parchment，可以用于管理用户的学习证书，用户可以在获得在线教育证书。目前 Degreed 已为 250 多家机构的 400 多万名用户提供服务，2020 年 6 月获得由 Owl Ventures 领投的 3200 万美元融资，已经成为全球增长最快的在线学习管理平台之一。

Degreed 平台可以为用户存储、管理和分析其所有的学习经历，使得用户通过任何方式学到的技能，包括在线课程、非正式学习都能够可视化、可量化。目前，Degreed 已经可以支持 1500 多个技能证书认证，比如用户体验设计、社交媒体营销、创意写作、数据科学等。

对于个人用户而言，如果完成学业，可以上传学位信息。在学校以外地方获得的其他技能、知识认证，可以通过技能证书来证明，建立自己的终身教育档案。

对于雇主而言，通过"技能证书"数据，可以找到相应的毕业生和终身学习者。可以创建适合课程或技能集的要求，满足招聘和人才技能需求，然后在完成课程时招募顶级候选人。

Degreed 通过与包括 Coursera、Udemy、lynda 等在内的超过 1300 家在线学习服务商建立合作关系的形式，接入超过 22 万门课程，形成海量课程库，用户在任一学习服务商中学习的课程均能在 Degreed 中得到认证，并给出"受认可的"Degreed 证书，为学校以外的学习提供认可，企业雇主在看到用户所获得的证书和为了获取证书而进行的学习行为后，可实现更高质量的岗位匹配。

同时，Degreed 也为企业客户提供了了解、跟踪、评估员工技能水平更迭的信息通道，使得企业进一步明确员工的能力培养方向，并根据企业情况实现课程包的个性化定制和推送，使得企业能为每一位员工提供个性化的职业培训服务方案；同时，企业也可通过对现有员工的技能水平状况评估，进一步明确人才类型招聘目标，实现更有效的人力资源管理。

Degreed 平台通过机器学习和人工智能技术，对用户记录的学习成果进行分析，提供一份清晰的职业技能可视化档案，使得用户能够清楚了解自己的技能长处及短板，为下一步的学习提供明确的方向和目标。

在人工智能等新技术的基础上，Degreed 还设计了学习技能追踪、评级、分析系统，为终身学习的用户进行学习技能的习得跟踪和分析，使得用户和企业雇主之间在求职和招聘时更加容易实现匹配。

（以上内容据钛媒体、凤凰网等综合整理）

相对而言，目前国内终身学习和职业教育的学习平台在认证服务和教育评价方面还存在很大的进步空间，大部分学习平台还无法实现企业雇主认可的技能证书认证，也无法实现学习行为的跟踪管理和过程分析。而在 5G 网络、大数据分析、人工智能等技术的基础上，可以从教学过程中对产生的海量数据进行整合分析，并以可视化的方式完成教育评价。

例如可以详细记录每个学生的学习行为数据，包括在线学习过程中的视频观看的时间数据、作业完成的正确率数据、互动交流的频率数据、在线考试的成绩数据等,在这些数据的基础上,对学生的学习过程进行统一的分析和评价,摆脱之前靠单一的考试成绩进行评价的弊端,从教育的整体性和长远性对学生的学习行为做出更加全面的评价。

教育评价作为教育过程中极其重要的一环,需要进一步通过5G网络、大数据分析、人工智能等技术的综合应用,建立对教育教学过程中更加科学的评价和判断,从数据化的角度推动教学活动的改善和提升,促进教育评价模式的全面创新。

5G网络与直播教育能擦出怎样的火花

传统在线教育经过4G时代的爆发性发展,已经形成了大量的网络课程、精品课程、公开课等教学资源,初步培养了全国范围内教师和学生的线上学习习惯。

在2020年新冠肺炎疫情防控期间,在相关部门和政策的支持下,直播教育非常强势地成为教师和学生开展在线教育的主流方式,出现了以直播平台、社交软件、在线教育平台、视频会议等多种产品为载体的教育直播方式。

与在线课程等其他在线教育形式相比,直播在情感交流、交互时效性、个性化辅导等方面具有显著优势,但在直播过程中,也常常出现卡顿、延迟、掉线等问题,给用户带来了不好的体验。随着5G网络的不断落地,高速率、高带宽和低时延的网络环境将从根本上解决以上问题。

艾媒咨询的数据显示,2020年中国在线直播用户规模为5.87亿人,预计未来将继续保持稳定增长,2022年将达到6.60亿人。直播作为在线教育的重要组成部分,在提升课堂互动性、增强知识传播性等方面具有重要意义。2021年4月，北京市教育委员会印发《关于推进"互联网＋基础教育"的工作方案》，要求在2022年前100%完成基础教育的名师开设线上直播课，探索线上线下融合发展的课堂形式。这从侧面说明了直播教育对于基础教育教学的重要性，以及最终用户对于直播教育的接受度。

随着越来越多的用户认可直播在教育中的作用，直播教育将成为中小学和高等院校的常态化教学行为，尤其是5G时代的直播教育，在解决了卡顿、延迟等问题的同时，还引入了人工智能、AR/VR、全息投影等产品形态，未来，5G直播教育将进一步变革传统在线教育的教学资源形态，将现在教师使用常规设备开展直播活动的形式升级为用超高清设备和智能设备开展直播活动的形式。

5G通信技术与直播教育相结合之后，为直播的设备性能和资源、工具质量都带来了极大的提升，主要体现在以下方面：

传统的教育直播设备主要以PC电脑、平板电脑、智能手机、电子白板等为主，以麦克风、监听耳机、音响设备、摄像头等设备为辅，所使用的教育资源和工具主要包括在线教育平台、视频会议平台、课件、视频、文本、试题试卷、电子教材等。

5G教育直播设备主要以超高清摄像机、高采样率声卡、5G直播背包为主，裸眼3D显示器、全息显示屏、全息穿戴设备、AR/VR穿戴设备等为辅，所使用的教育资源和工具主要包括超高清视频会议系统、超高清视频资源、VR/AR资源、3D视频资源等。

从传统直播教育和5G直播教育在设备和资源方面的差异可以看出，5G直播教育在信息传输速度、资源分辨率质量和用户视觉体验方面都有了明显的提升，5G通信技术为教师使用超高清直播系统开展工作提供了基础条件，也创造了更多的产品形态和应用场景。

综合5G通信技术的特性和直播的教育特性，5G直播教育的应用场景和产品形态主要分为以下几种。

1. 大规模互动直播教育

首先来说说 8K 超高清技术，2021 年央视春晚实现 8K 直播后，超高清技术＋大规模互动直播成为公众关注的热门话题。简单来说，8K 视频的分辨率为 7680×4320，而 4K 视频的分辨率为 3840×2160，这意味着 8K 的清晰度是 4K 的 4 倍，所显示出的画面更加精细和清晰，给用户带来的观感自然也就会更好。

早在 2019 年，工信部、国家广播电视总局、中央广播电视总台联合发布了《超高清视频产业发展行动计划（2019—2022 年）》，明确将按照"4K 先行、兼顾 8K"的总体技术路线，大力推进超高清视频产业发展和相关领域的应用。预计在 2022 年，我国的超高清视频产业总规模将会达到 4 万亿元，覆盖全国 2 亿人口，4K/8K 电视以及 VR 投显将会是主要的显示设备。

其次，再来说说大规模互动直播，在大规模互动直播中，允许成千上万的用户同时观看一个直播，并与主播展开沟通，这对于网络质量和直播软件都有非常高的要求，极易出现卡顿和掉线的情况。

随着 5G 网络的商用，5G 直播背包、转播车等设备相继投入商用，加速了 5G 大规模互动直播的发展。由于优质教师资源和教学资源具备资源独特性和不可替代性，将会有大量的教师和学生参与到大规模互动直播教育的过程中。5G 网络可以同时支持海量用户进行在线超高清直播，相对于 4G 网络的直播体验会出现质的飞跃，满足教师和学生对于在线直播教育日益增长的需求。

同时，5G 大规模互动直播会带动其他大型教育活动采用超高清直播的方式开展，例如大型学术报告、思想学习汇报等活动，都可以采用 5G 直播的方式来开展。

2. 慢直播教育

所谓慢直播，指借助直播设备对实景进行超长时间的实时记录并原生态呈现的一种直播形态。不同于传统直播，慢直播没有主持人、字幕和后期制作，只用固定机位开展拍摄工作，更加真实地展现事件现场。比如2020年武汉火神山、雷神山医院建造，2020年日环食、北斗三号卫星发射等都属于慢直播的范畴，这些直播给人们带来全新的节目观看体验。

在没有直播主持人和解说词的情况下，对于视频质量和拍摄颗粒度就有了更高的要求。而5G慢直播在地理地貌演变、动物习性观察、微观生物观测等方面具备天然优势，在地理、生物、天文、医学等学科可以发掘更多的应用场景。

例如微观生物的观测在以往的授课过程中，大多只能通过录播视频进行讲解，无法给用户带来现场观测的体验，而5G慢直播则可以更加真实地反映微观生物的生长细节和过程，满足学生获取知识细节的需求。

第十届花博会上，5G高清慢直播、5G媒体背包、最新款应急指挥车、玲珑基站等信息通信新技术和新应用纷纷亮相，一张泛在、高速、融合、安全的信息通信网络就可以保障花博会的顺利进行。

以上海移动为例，其率先引入基于5G的载波聚合、杆宏协同等创新解决方案。截至目前，已开通花博核心区域50多个5G基站，实现花博会园区室外室内5G网络全覆盖，复兴馆、花栖堂等室内场馆实现2.6+4.9G双5G频段覆盖，下行峰值速率达到3Gbps，上行达到700Mbps。同时，全面完成花博会周边服务区5G网络建设，覆盖范围包括崇明区陈海公路、G40等花博外围主干道路。

现在，慢直播已经成为5G智慧文旅中最受欢迎的项目之一。通过5G网络，市民能够随时欣赏到花博会现场争奇斗艳的各类花卉。无暇抽身前来的市民，也能通过手机、电脑、电视等方式欣赏花博会的盛况。

在花博会的直播过程中，直播主持人也背上了 5G 直播背包。直播背包在 4G 时代就已经存在，但之前由于 4G 网络的局限性，直播背包一般只能作为直播场景中应急性的补充手段。进入 5G 时代后，直播背包已经成为 5G 高清直播必备的工具之一。

（以上内容据上观新闻综合整理）

3. "三个课堂"直播教育

2020 年 3 月，教育部发布《教育部关于加强"三个课堂"应用的指导意见》，要求到 2022 年，全面实现"三个课堂"在广大中小学校的常态化按需应用，建立健全利用信息化手段扩大优质教育资源覆盖面的有效机制，开不齐开不足开不好课的问题得到根本改变，课堂教学质量显著提高，教师教学能力和信息素养持续优化，学校办学水平普遍提升，区域、城乡、校际差距有效弥合，推动实现教育优质均衡发展。

但在具体实施过程中，部分地区"三个课堂"的建设应用水平依然偏低，例如"专递课堂"覆盖面不足、常态化应用无法满足师生教学需求；"名师课堂"在不同区域的资源发展不均衡、名师示范效应不强；"名校网络课堂"的共享性不强，在地区优质教学资源的比重低。

在"三个课堂"的发展过程中，这些问题都多多少少地影响了用户的使用体验，而 5G 网络与三个课堂的结合，则可以从资源共享、直播质量、常态化应用和用户体验等方面处理以上问题。

2019 年 7 月 8 日至 12 日，泉州市首个 5G 专递课堂开启。泉州一中东海校区、泉州市晋光小学东海校区、南俊校区、台商投资区第八实验小学，以及百奇民族中学、南安五星中学两所中学的学生同步上课，多地多校互动交流，实现了教育资源共享。

以晋光小学东海校区与南俊校区为例，两个校区之间相距 12 公里，但通过"专递课堂",两个校区可以更加集约地整合利用优质教育资源,实现教育资源的同步共享。

据晋光小学校长黄加贤介绍,早在2017年学校就进行过4G专递课程,对比此次的5G"专递课堂",明显感觉5G没有出现卡顿、延时的现象,画面也更加流畅、清晰。

(以上内容据新华网综合整理)

"专递课堂"主要针对农村师资力量薄弱和优质课程资源不足的情况,采用网上专门开课或同步上课的形式,利用互联网推送优质教育资源,对于网络信息传输的时延就有一定要求,5G在"专递课堂"中的应用不仅可以明显改善用户体验,对于促进教育公平和均衡发展也具有很重要的意义。

4. VR/AR 直播教育

在2019年中国教育装备展示会上,AR/VR技术厂商Pico联合看到科技和Visbit展示了一套基于5G网络的8K VR实时直播解决方案,该方案采用Pico G2 4K VR一体机作为显示终端,联合看到科技提供的8K 3D VR直播系统,和Visbit提供的基于VVOS注视点渲染技术的云端8K实时转码和头显端8K VR直播播放器,在5G网络通道之下展现了8K VR教学直播内容。

(以上内容据砍柴网综合整理)

VR直播可以让学生更加真实地感受课堂气氛,更加快速地融入教学课堂中,与教育内容的结合促使学生从信息的接收者变成参与者,拉近了教师和学生的距离,也打破了空间与距离的界限,在科学研究观察、职业技能实操、微观世界观察、天文知识学习等方面有非常广阔的市场前景。

同样，AR教育直播可以融合虚拟信息与真实世界，在远程教育、临床医疗等方面也具备丰富的应用场景。

5. 全息互动直播教育

全息投影技术又称虚拟成像技术，是利用干涉和衍射原理记录并再现物体真实的三维图像的技术，与直播技术相结合之后，可以实现比传统直播更加形象化的教学效果，提高学生参与课堂教学的沉浸感和积极性。

2019年9月，北京邮电大学首次尝试了利用"5G+全息投影"技术进行直播授课，将相距25公里的西土城校区和沙河校区连接在了一起。

在北京邮电大学沙河校区教学楼N215教室中，芦鹏飞教授通过精心的教学设计，为学生讲述了诺贝尔的一生，包括诺贝尔的成长历程、获奖经历以及诺贝尔奖的若干经典画面。

同一时刻，在西土城校区教三楼335教室，借助"5G+全息投影"技术，芦鹏飞教授的三维全息投影人像清晰地呈现在课堂上，如同他本人站在讲台上为大家实时授课一样。

（以上内容据北京邮电大学微信公众号、新浪教育等综合整理）

"5G+全息投影"的直播方式凭借低时延和高速率的特性实现了超高清影像的实时传输，并以全息投影的方式为教学过程带来了全新体验，作为直播与5G技术的一次融合，"5G+全息投影"同样也适用于远程教育、临床医疗、职业技能操作等场景。

5G商用牌照已经下发两年了，在过去的两年里，直播已从PC走向手机，这些都是在5G高速率和低时延的前提下得以实现的，5G与直播的融合不仅为教育行业带来全新的沟通方式，还为整个行业的数字化服务能力提供了技术支撑。随着越来越多的厂商参与到5G直播教育的过程中，未来的教师和学生可以以更加形象化和智能化的方式参与到学习的过程中。

第四章
5G+ 虚拟现实

- 4.1　VR 给教育插上翅膀
- 4.2　VR 教育的应用场景
- 4.3　VR 教育的赛道百舸争流
- 案例　百度 VR 教室：个性化培养方案和沉浸式教学的融合

4.1 VR 给教育插上翅膀

虚拟现实技术（Virtual Reality，VR）是一种囊括了计算机技术、电子信息技术、仿真技术、通信技术在内的新兴技术，其实现方式是通过计算机模拟虚拟环境，带给用户环境沉浸感。虚拟现实技术自诞生以来就获得了广泛的关注，随着各项配套技术的不断发展，该技术在各行各业都取得了一定的发展。

教育行业是虚拟现实技术最先落地的行业之一，也是目前最有发展前景的行业之一。随着在线教育的蓬勃发展，教育 VR 化获得了政策和市场的双重鼓励，在此过程中，通信运营商作为网络基础设施的建设者，也在教育 VR 化的进程中迎来了新的发展机遇。

具体来说，教育 VR 化指的是将虚拟现实技术融入教育教学、教育管理和学科研究的各个方面，促进教育技术和教育方式深层次改革的过程。对于教育本身而言，虚拟现实技术最大的价值在于，通过 VR 教学资源、云计算、5G 通信网络和硬件设备的综合使用，提高教师教学质量和学生学习效率，建立起开放、高效、协作、共享的教育生态环境，如图 4-1 所示。

不同于传统教育，教育 VR 化进一步模糊了人类和机器的界限，构建出一个人与机器共同参与的虚拟世界。而从人的视角来看，这个虚拟世界与真实世界并无差别，这种沉浸式的交互方式可以让学习者更高效地掌握所接收的信息，并以原有的现实世界思维进行信息加工和处理。

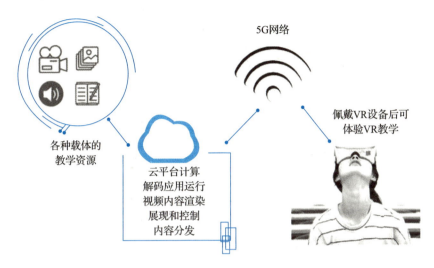

图 4-1　VR 学习示意图

4.1.1　教育 VR 化的特征

如图 4-2 所示，一般来说，教育 VR 化具备以下三个特征。

图 4-2　教育 VR 化的特征

1. 沉浸感

沉浸感（Immersion）是教育 VR 化最主要的特征，它是指学生对虚拟现实的融入程度，即学生佩戴设备之后，可以全身心地沉浸于机器构造的虚拟环境之中，并可以与 VR 环境进行交互。

想要让学生获得足够的沉浸感，就需要同时在虚拟环境中进行视觉、听觉、味觉、嗅觉等的内容渲染。例如学生在学习地理中的关于亚马逊丛林的内容时，可以在 VR 系统中感觉到丛林中的湿度、温度，听到各种鸟兽叫声，看到郁郁葱葱的亚马逊丛林。

2. 交互性

交互性（Interaction）是指学生通过感官和身体部位与虚拟环境进行交互，比如通过头的转动、手指的移动与 VR 系统交互，VR 系统进行对应的操控变化，让学生借助硬件设备产生与真实世界中一样的感知。例如学生可以通过头的转动选取对应的物体，然后用手抓取物体时，在硬件设备的支持下，可以像在真实世界中一样感觉到物体的质感和重量。

3. 构想性

构想性（Imagination）是指学生借助教育 VR 系统给出的逼真信号，构建关于虚拟世界的想象，突破时间与空间的限制，去认识现实世界中已经不存在的事物，或者无法通过肉眼观察到的事物。

4.1.2　教育 VR 的沉浸化

教育 VR 化的三个特性可以帮助教师构建基于虚拟现实的教学内容，让学生更加直观地接收和理解知识，提高知识传播的效率，实现教学内容、教学媒介和师生互动三个方面的沉浸化。

1. 教学内容的沉浸化

教育 VR 化对于教育内容的改革最为直观。传统教学内容往往局限于课本、讲义和试卷上的内容，以英语学习为例，在教育 VR 化之前，英语学习的线下教学内容包括课本、讲义、试卷等，线上教学内容包括在线视频、在线作业、网络直播等，这些教学内容受客观条件的影响较大，而教学内容 VR 化可以为学生创造相对真实的语言学习环境，学生足不出户就可以体验真实的英语语言环境，对于英语等需要沉浸化学习的学科有较大的帮助。

2. 教学媒介的沉浸化

教学媒介是教学内容的载体，是教学内容的表现形式，例如教学实物、语言、图表图像等。在虚拟现实技术与教育相结合之后，教学内容可以通过 VR 世界中呈现的各种形象来进行表达。

在生物学科中，有一些重点或难点用传统的图像、语言和动画很难让学生理解、掌握，而借助 VR 眼镜、触控笔等设备则可以迅速地让学生理解。例如课本上关于心脏结构的讲解往往是通过平面图和剖面图来讲解，难以完全显示心脏的结构和功能，而在虚拟现实场景中，可以通过三维动画的形式逐层剥离地展示说明，使学生可以更加完整地了解心脏的结构和工作原理。

3. 师生互动的沉浸化

传统教学中如果想要在师生互动的过程中传授知识，往往需要提前准备大量的教学素材，对教师的教学水平要求也相对较高，在课堂时间有限的前提下，想要一边与学生进行良好互动，一边顺利传授知识，对于大部分教师而言都是比较困难的。

在教育 VR 化的条件下，只需要提前准备好 VR 教学素材和终端设备，教师就可以在 VR 场景中与学生进行更加多样化的互动，避免了传统教学中形式单一的互动方式。

4.1.3　教育 VR 化的参与方

目前来看，有动力推动教育 VR 化的主要是中小学和大学，这些机构希望通过引入 VR 技术，让原本抽象的教学知识更加具象，同时借助 VR 沉浸式场景提高学生的学习兴趣和学习效率，减少教师的教学难度。

目前，国内已经有数十所高校先后成立 VR 实验室。早在 2016 年，清华大学联合 AMD 以及网易杭州研究院、网易游戏等共同发起成立 VR 领域实验室，一方面可以共同推动 VR 资源和技术的全网共享与用户普及，连接全 VR 产业链，另一方面开展合作共建 VR 体验馆的工作，参与策划、创作和推广 VR 内容作品。

中小学校开展 VR 教育教学的步伐也非常迅速，并且非常具有前瞻性，例如人大附中从 2012 年就开始关注 VR 技术，并在选修课中将 VR 技术开发作为一项教学内容，由专门的老师带领学生开发 VR 模型。在 5G 网络正式商用之后，5G+VR 的综合解决方案也陆续在部分中小学实施落地。

2019 年，由北京市朝阳区政府、朝阳区教育委员会、中国移动（成都）产业研究院、中国移动北京有限公司打造的北京市首个 5G 网络下的 VR 教学服务教育解决方案正式在北京市朝阳区实验小学部署完成并投入使用。

在中小学开展 5G+VR 应用及资源建设时，针对国家课程标准及学科目标进行基础教学资源及课件的策划及制作，让学生可以运用 VR 技术进行学习，在课堂中便可体验多种形式的场景还原，身临其境地去观察、学习、探索，增强学生的课堂兴趣，提高学生的阅历、自主学习能力、认知水平及探索能力。

（以上内容据 36 氪网综合整理）

4.1.4 教育 VR 化现存的问题

虽然教育 VR 化已经是 5G 时代的风口之一，但在研发和推广过程中，依然存在着值得思考的问题。

1. VR 教学内容的标准化

VR 教学内容作为开展 VR 教学的基础，目前还没有系统的课程标准与制作规范，各大高校也还没有培养专业的 VR 人才，VR 内容制作者往往是从游戏、动画、多媒体等行业跨界而来。从这个层面来说，目前市面上大部分的 VR 课程都还处于摸索阶段，没有统一的标准可循，尚无法开展大规模和批量化的教学内容制作，这也导致了 VR 教学内容的开发成本居高不下。

2. VR 教学内容的专业化

目前 VR 教学内容生产多集中在天文、生物、历史等学科，由于这些学科比较抽象，以 VR 教学内容为载体进行教学更有利于学生掌握知识。

但目前市面上的 VR 教学内容大部分都由专业的制作人员来完成，这就意味着在 VR 教学内容的制作过程中，往往忽视了学校教师参与的环节。

作为直接参与 VR 教学的教师，一方面要将 VR 教学内容作为虚拟教学的主要承载体，另一方面又无法深度参与到 VR 教学内容的制作中，可能导致教学内容与 VR 内容相互脱节的风险。

3. VR 教学内容的制作成本相对较高

即使实现了 VR 教学内容的标准化，也无法覆盖所有受教育群体。中小学阶段的课程内容往往由考试大纲与教材所限定，VR 教学内容的制作成本可以控制在一个相对合理的范围之内。但对于高等教育与职业教育而言，课程内容尚无法实现标准化，各个院校的教材和教学内容形式各异，这就要求 VR 教学内容制作商需要根据高等教育和职业教育的不同需求进行定制化内容的开发，这无疑又提高了 VR 教学内容的制作成本和 VR 教学的推广门槛。

综上所述，VR 技术的应用给教师呈现教学内容创造了条件，针对部分不具备真实教学素材的学科，VR 技术可以帮助教师营造出贴近现实的虚拟现实环境，提高学生学习的积极性和主动性，为教育教学的过程带来更多想象的空间。

但与此同时，VR 技术作为新兴技术，本身也面临着从业人员不足和制作标准不统一等问题。随着 5G 网络的进一步普及，以及中小学校、职业院校和高等院校对于教育 VR 化的需求，这些问题也会成为教育 VR 化必须要直面和解决的问题。

4.2 VR 教育的应用场景

VR 教育将传统的单向信息传输模式转化为双向的认知交互模式，不仅能使教师提高知识传递的效率，还能使学生在虚拟的微观世界和宏观世界中，身临其境地进行沉浸式学习，这对激发学生的主观能动性和积极性有着非常重要的作用。

在实际应用中，VR 教育的引入可以解决以下传统教育的难点：

1. 知识点比较抽象，无法用直观的方式展现，例如生物、地理等学科；
2. 知识点相对枯燥乏味，学生缺乏主动学习的积极性。

对于以上传统教育的难点，VR 教育的应用场景主要包括以下几方面。

4.2.1 VR + 课堂教学

在课堂教学过程中，VR 教育可以将课本上抽象的学习内容具象化，向学生提供逼真的虚拟世界。针对不同学科的特点，VR 技术可以在课堂教学中发挥不同的作用，解决教学过程中出现的难点。

例如在上文中提及的"知识点比较抽象"的难点，原有的课堂教学多使用实物模型来帮助学生理解抽象概念，而 VR 教育可以通过建模和多媒体技术，构建相同的虚拟模型，与实物模型相比，VR 虚拟模型具备更强的交互性，比如在上文中提到的心脏结构讲解，学生在 VR 环境中可以对心脏模型进行拆解、剥离和重新组合，从更多层面学习心脏结构，加深对生物学科的理解。

再比如适合沉浸式教育的学科，如历史、语文等，对于课本中涉及的历史人物和事件，由于无法在现实世界中再次看到，可以利用虚拟现实技术重新构建历史画面，让学生可以参与到历史事件中，与历史人物面对面地进行交流，提高学生对于历史、语文等学科的学习兴趣。

2019 年，浙江大学、哈佛大学联合举办了一堂 VR 课程"吉萨金字塔：技术、考古与历史"。20 名学生通过在线设备同步分享由哈佛大学的埃及学教授彼得·德·曼努埃尔讲授的课程。

在本次课程中，同学们利用 VR 看到的场景，永远不可能在如今的吉萨看到。比如在吉萨金字塔区墓地现场，在 1842 年被发掘出的 Merib 墓室的地面上只有一个洞，而墓室的正面门脸，如今被收藏在柏林博物馆里。

但是在 VR 内容中，科学家根据莱斯纳教授的考古记录，准确复原了这个墓室本来的样子，通过 VR 不仅能看到完整的墓室建筑，还可以看到墓室里的浮雕、壁画、家具等。同学们可以点击其中任意一件，物件的 3D 模型就会弹出，可以随心所欲地旋转，以便从各个角度进行观察。比如最经典的《赫亚尔肖像》，在很多的资料、纪录片中被多次提及，人们却无法细品其中的表现方式，但通过 VR 的辅助，可以进行细节的查看、观察与学习。

（以上内容据浙江大学官网综合整理）

4.2.2 VR + 科学实验

VR 教育的第二个应用场景是科学实验和研究，这对于某些不便于在现实中进行的科学实验是非常有帮助的，比如化学和物理中涉及放射性物质或有毒物质的部分，在传统教学中往往一带而过，学生无法亲手做实验，也无法验证试验过程和结果的准确性。

而VR技术可以通过虚拟实验室的方式帮助学生操作虚拟的实验仪器。学生在按照课本和教师的指引进行操作之后，操作结果通过虚拟外设（如力反馈设备、数据手套、位置传感器、3D鼠标等）和仪表显示反馈给学生，用于判断实验结果是否准确。

同时，VR技术可以在硬件设备的基础上，高度模拟一些用肉眼无法观测或操作的实验现象，用户可以在虚拟环境中对微观或宏观的实验对象进行操作，并由虚拟系统给出真实试验中的理论数据，例如微观环境下的原子运动、分子运动和宏观环境下的天体运动，虽然可以在高倍显微镜和望远镜中看到现象，但无法进行实际操作，而虚拟实验室可以让用户直接上手操作并感受实验结果。

2018年，英国科学家O Michael、HM Deeks等人在《Science Advances》上发表了一篇题为《Sampling molecular conformations and dynamics in a multi-user virtual reality framework》的论文，在论文中，使用VR设备的志愿者将控制器当作镊子抓取分子或其他化学结构，并成功完成了三项不同的测试任务：通过碳纳米管操纵一个甲烷分子、操纵一个有机螺旋体分子来改变它的方向、在多肽上打一个结。通过创建多用户在VR环境下的分子交互动力学框架，将原子物理模拟器和VR硬件结合起来，这一套VR设备允许用户以原子级的精度观察和操纵复杂的分子结构，并在同一虚拟环境下与其他用户进行交互。

（以上内容据搜狐网综合整理）

4.2.3　VR +远程教学

VR+ 远程教学结合了 VR 和远程教学的优势，一方面连接不同区域的教育教学，扩大传统教学的受众范围，促进教育资源在不同区域之间的均衡化，另一方面可以将传统的授课方式转化为认知交互和沉浸式的学习体验，让学生进入微观或宏观的虚拟世界中，提高学生的学习兴趣和主动性。

2020 年 9 月，江苏省苏州中学在化学楼建设 5G+VR 远程课堂和双师课堂，依托中国移动成都研究院 CloudXR 平台，部署多人互动火灾演练、化学教学等 VR 课程应用，实现了各个校区之间的高效互动。哪怕是请假在家的学生，也可以通过 5G+VR 实现沉浸式的课堂学习，实时参与课程学习以及与师生互动。

（以上内容据《人民邮电报》、中国工信产业网等综合整理）

4.2.4　VR +仿真校园

VR 在仿真校园中的应用主要体现在通过建立全景仿真校园，展现完整的校园环境，达到宣传学校的目的，对于体现校园信息化建设实力、展现校园文化环境、提高招生或就业水准等方面，都具备重要的意义。通过建设包括教育、教学、教务和校园生活的仿真校园，用户可以在短时间内熟悉校园环境，了解学校教学教务的流程。

例如在招生方面，新生在报到之前就可以通过仿真校园"参观"校园中的景点、院系、教学楼、图书馆等，对学校宿舍、食堂、各场馆等设施进行系统了解。国内的部分高校已经上线了仿真校园的产品，例如中国人民大学的"全景人大"地图上设置了十多个"摄像头"，学生只要点击任意一个"摄像头"，就可以获得摄像头所能拍到的 360 度实景，亲身感受校园内的环境。

4.2.5 VR+ 技能训练

对于部分技能训练的学习，VR 教育同样具有很重要的实践意义，例如医学手术、体育技能、危险行业（包括电气、救援、冶金、化工等）等训练，如果在现实世界中进行学习和训练，会面临成本较高、案例不足、资源紧张等问题，而借助 VR 所提供的技能训练环境，用户可以在其中完成与现实世界中同样感知的学习和训练，不受时间和地点的限制，而且可以规避某些技能训练中的危险性。例如救援的技能培训本身具有一定的危险性和不可控性，通过建立地震逃生实验室、火灾逃生实验室等虚拟环境，学生可以在相对安全的条件下完成学习和训练，在遇到真实的危险时，也可以迅速做出反应和采取对策。

VR 作为一种新兴技术，为传统的教育教学方式带来了更多的改革可能性，在介入实际的教育教学活动后，可以看到 VR 与教育教学存在诸多的融合场景，假以时日，必将会改变传统教育的教学方式、提高教育教学水平、改善技能训练环境、增强教学效果，对 5G 时代的教育改革和人才培养产生深远的影响。

与此同时，我们也应该意识到，VR 与教育的结合尚未完成彻底的商业模式论证，对于大部分学校而言，VR 教育的应用成熟度还不够，尚不足以支撑日常的课堂教学。随着 5G 高速率、高可靠性、低时延的特性与 VR 教育场景的进一步结合，我们期待 5G 网络可以协同 VR 克服技术上的难题，改善实际应用中用户体验不佳的情况，真正让 5G+VR 教育走进日常教学活动中。

4.3 VR 教育的赛道百舸争流

5G 通信技术的不断发展为 VR 教育提供了技术实现和业务开展的可能性，高质量的图片和视频已经可以通过 5G 网络进行传输，由此带来的沉浸式体验给传统的教育教学带来了极大的冲击，无论是中小学校和高等院校，还是各大科技公司，都无法忽视 VR 教育的应用场景和发展潜力。伴随着 VR 终端的成本降低，未来 VR 教育对于传统教育的颠覆几乎已经成为定局。

2019 年 11 月教育部发布《关于加强和改进中小学实验教学的意见》，要求 2023 年前将实验操作纳入初中学业水平考试。为顺应教育部等上级领导部门的要求，满足教育信息化 2.0 时代对试验教学等各环节的要求，VR 教育已经成为教育科技公司发力的重中之重。

在此背景下，各大科技公司、通信运营商、VR 设备公司、在线教育公司、高等院校等纷纷提前布局 VR 教育，试图在即将来临的 VR 教育大潮中为用户提供更多可用的产品。下面我们来看一下有哪些机构已经在 VR 教育的赛道中抢跑并取得一定的研究成果。

4.3.1 网络科技公司

微软：与教育部达成了共同建设混合（虚拟）现实实验室的战略合作

协议，基于 Hololens 2 与 Pearson 等教育机构推出多项混合现实的课程。

谷歌： 与 Labster 建立了合作伙伴关系，通过 Daydream 平台为全球学生带来了 30 多个 VR 虚拟实验室。

对于正在攻读像生物学等 STEM（科学、技术、工程、数学）学位的学生来说，在实验室的实际操作时间与在演讲厅或图书馆度过的时间一样重要。事实上，对于众多以自然科学为基础的学科而言，实验室非常重要。但使用实验室并不容易，许多学生离实验室设施或提供学位的大学非常遥远；而有些学生很难有足够的实验时间，因为要求太高或学校无法提供无限制的访问权限。

而虚拟现实技术在帮助学生获取实验室时间方面能够提供一种强大的助力。

2018 年，谷歌宣布，将通过 Daydream 平台为全球学生带来 30 多个虚拟实验室。学生能够在 VR 世界中进行各种实验，同时无须亲临物理实验室。

谷歌与 Daydream 平台打造的实验室，向学生提供了完全交互式的虚拟环境，能够访问最先进的设备。借助 Daydream View 或联想 Mirage Solo，学生可以像在物理实验室那样进行各种操作，例如在显微镜下检查生物体和测序 DNA。他们同时可以做到在物理世界无法做到的事情，比如在分子水平浏览和操纵 DNA，或者参观最新发现的系外行星 Astakos IV。

截至 2018 年 8 月，亚利桑那州立大学生物科学在线学士学位项目的学生已经开始使用这种虚拟实验室，以获得全部课程学分。得克萨斯大学圣安东尼奥分校、麦克马斯特大学以及北美洲和欧洲其他机构的学生同样将能够利用 VR 进行实验。

（以上内容据 PConline 资讯、雷锋网等综合整理）

百度：百度 VR 智慧课堂作为一站式解决方案，提供 VR 课程体系、VR 课程管理平台等一系列配套服务。

网易科技：联手 GA 游戏教育打造 "VR 游戏设计师" 等在线课程，专注 VR 游戏设计师培训。

酷开网络：面向 B 端市场推出酷开 VR 智慧教室。

立思辰：与北京航空航天大学虚拟现实技术与系统国家重点实验室签署战略合作协议，围绕 VR 领域加强产学研用协作。

天喻信息：联合中国移动及中国移动 5G 联盟成员研究试点 5G 环境下基于 VR 和天喻教学系统的情景式教学。

HTC：在 ViveCon2021 大会上推出两款 Vive 虚拟现实头盔，并投资 Immersive VR Education 等教育平台。

爱奇艺：2021 年发布 CV 头手 6DoF 交互技术和 VR 一体机操作系统：奇遇 OS 5.0。

4.3.2 通信运营商

中国移动：自主研发云 XR 平台和 VR 头显，搭建城乡一体化的智慧教育应用体系，致力于解决国内教育发展的不平衡等问题。

2019 世界 VR 产业大会上，中国移动在 "智慧教育" 展区展出 XRCloud 平台和 5G 虚拟仿真课堂，通过 5G 网络与 AR/VR 技术的融合，面对难以讲解的教学场景以及现实生活中无法观察到的自然现象或事物变化过程，云 AR 交互式教学场景将通过虚实结合的方式，调动学生的视觉、听觉等多个感官参与课程学习，使得抽象的概念和理论变得更加直观、形象，真正产生寓教于乐的效果。

（以上内容据新华网综合整理）

中国联通：建立虚拟现实 VR/AR 基地，加快在教育领域打造可复制推广的典型标杆应用。

2020 年 10 月 18 日，中国联通虚拟现实 VR/AR 基地在江西南昌挂牌。在平台方面，中国联通将建设和完善数据中心与应用平台支撑能力，运用 VR、AR、MR 等技术，加快在智能制造、医疗、教育、文旅等领域打造可复制推广的典型标杆应用。在资源方面，中国联通将充分发挥集团混改与生态资源优势，积极引导阿里巴巴、腾讯、华为等 VR 产业上下游企业和产业人才加速汇聚，持续打造产业生态圈。

（以上内容据人民网综合整理）

中国电信：旗下天翼云 VR 与网易有道精品课达成战略合作协议，推出 VR 教育宇宙系列课程。

2020 年 7 月 24 日，中国电信天翼云 VR 与网易有道精品课携手推出 VR 教育宇宙系列课程，旨在通过 VR 技术，让教育变得更加有趣，让学习更具沉浸感和体验感，共同打造 5G 时代的教育新模式。

本次推出的"VR 火星探索"课程，通过领先的 VR 技术营造极富视觉冲击感和沉浸感的火星虚拟场景，让遥不可及的火星变得"触手可及"，用户可以通过 VR 视角，跟着火星漫游车，放眼眺望火星表面的火红土壤和高低起伏，也可以在火星上"自由漫步"。用户可通过下载"天翼云 VR" App 获取相关的课程内容。

（以上内容据新华网综合整理）

4.3.3　VR 设备公司

网龙华渔教育：与中央电化教育馆签署战略合作框架协议，截至 2021

年已在全国 68 所中小学开展虚拟实验教学试点。

讯飞幻境：提供 VR 硬件、VR 内容和 SaaS 平台 FLY VR 云教室三部分产品，帮助学校实现 VR 教育一体化方案。

萌科：提供 VR 教育整体解决方案，包括 VR 教学平台、VR 云播控系统、VR 智慧教室、VR 创客教室、VR 资源库、VR 课件等。

2021 年 5 月，在萌科 VR 技术的支撑下，中央司法警官学院引入 5G+VR 党建教室，通过成体系的 VR 党建教材配合 VR 设备及 LED 大屏，实现了沉浸式学习。

通过 VR 眼镜，使用者即可进入党史、新中国史等虚拟展馆，从中国共产党诞生到新中国成立 70 周年，让学习者身临其境地体悟时代脉络、传承红色基因。通过自选软件，虚拟展馆同时可内置爱国主义、人民公安题材影视资源，多类型、多角度地反映历史的变迁，多侧面、多维度地体现党的建设和司法警官队伍的建设。

结合先进的 VR 技术，中央司法警官学院和萌科 VR 积极探索"VR+党建"新模式，通过对有限空间的充分利用，以及视觉、听觉、触觉的三重交互体验，让党员的学习形式不再单一，宣传教育不再枯燥，真正让红色教育"活"起来。

（以上内容据网易新闻综合整理）

飞蝶 VR：为学校提供一站式 VR 智慧教学、编程/STEM 教育 SaaS 教学服务及解决方案。

4.3.4　在线教育公司

学而思教育：打造 VR 沉浸式课堂，应用于物理或化学教学中不便于操作的实验。

泛美教育：创建中国首家教育 VR 公司泛美视界。

智课：基于 2000 多家海外名校库接入 VR 技术。

4.3.5 高等院校

清华大学：与网易、AMD 联手共建 VR 实验室。

北京航空航天大学：2007 年成立虚拟现实新技术国家重点实验室，2017 年成立北航 VR/AR 创新研究院。

北京师范大学：2005 年成立北京师范大学虚拟现实与可视化技术研究所，2017 年与哈佛大学、网龙网络公司签署了 EcoMUVE 软件合作授权书。

西南交通大学：成立虚拟现实与多媒体技术实验室（原铁道部重点实验室），2019 年与戴尔共建人工智能及虚拟现实联合实验室。

中国科学院：2012 年成立计算技术研究所虚拟现实实验室。

江西财经大学：2020 年成立虚拟现实（VR）现代产业学院。

4.3.6 传媒公司

青岛城市传媒：基于青岛出版社有限公司教材教辅版权资源优势，共建 VR 阅读和创新教育示范平台。

凤凰传媒：针对职教市场开发"100 唯尔职业教育"虚拟现实云教学系统。

皖新传媒：与中国科学技术大学合作成立中国科大先研院—皖新传媒新媒体研究院，打造 VR 数字教育内容全媒体平台。

从目前 VR 和教育行业的融合情况来看，这条赛道已经陆续出现诸多参与者，虽然在新冠肺炎疫情的影响下，VR 教育行业受到了一定程度的影响，部分解决方案提供商可能还面临着商业模式的进一步论证，但从教育行业的复苏情况来看,VR 教育依然是各大厂商追逐的热点之一。Facebook CEO 马克·扎克伯格曾经展望,到 2030 年,人们将能用先进的智能眼镜"来到"其他人的房间,就像面对面一样地交谈。而随着资本的汇聚和用户需求的增加,VR 教育极有可能在未来十年成为智慧教育的代表性场景之一。

 百度 VR 教室:个性化培养方案和沉浸式教学的融合

VR 教育作为智慧教育的重要场景,与 5G 技术高速率、低延时、高带宽等特性进行融合后,从根本上解决了以往 VR 应用存在的信息延时和传输速率等问题,为 VR 在教育行业的实际落地奠定了良好的基础。

2021 年 4 月,福州市仓山区金港湾学校建成福州首个百度 VR 教室,在 VR 教室中,学生可以佩戴 VR 设备身临其境地研究太空天体、做化学实验和进行火灾地震的逃生演习,这在传统教室中是不可能实现的。

对学生来说,VR 设备创造出来的虚拟世界可以增进对知识点的理解,提高学习效率。

对教师来说,VR 设备大大减轻了管理课堂学习中学生专注度和主动性的压力,推动了教师教学水平的提升。在 VR 教学内容的帮助下,原本抽象难懂的知识点在虚拟世界中得以真实还原,不易操作的物理实验和化学实验也可以由学生动手操作,使知识点更加具象化。

对学校来说,VR 教室是教育信息化水平的集中体现,可以通过 VR 教学资源的共享,促进各区域之间的教育资源共享。

对于非学科教育,金港湾学校也建设了百工馆、跨学科项目工作室、航天展览厅等一系列智慧教育设施。

在百工馆里,学生可以学习激光切割机、锯床、钻床等基础设备的实操课程；在跨学科项目工作室，学生可学习编程、制作月球车；在航天展览厅，老师们制作了"模拟月球表面"，学生们在"模拟地面指挥中心"接收信号，向"月球车"发出各种指令。

通过学科教育和非学科教育的智能化和数字化，金港湾学校充分发掘了学生自我管理、自主探索的能力，学生可根据自身的特长和学习能力，在学校聘请的科学家、设计师、工程师、艺术家等专业领域导师的指导下，结合个性化培养方案以及专家建议选择课题。

百度VR教室中的课程内容主要包括自然科学、艺术创造、天文宇宙三大类别，支持中小学校在自然科学等课程上的教学使用。

在VR展现方面，百度VR教室为学生提供了更加真实生动的学习环境，高度还原真实世界的视觉效果和物理特性，让学生更加容易理解抽象的知识内容，同时引入大数据分析功能和人机智能引导功能，让教师可以轻松开展生动的VR课程，实现在常态化教学上的应用。

在课程内容设置方面，百度VR课程体系严格遵循教材教纲设计，覆盖了小学3~6年级科学课300多个知识点，可实现大班常态化教学，一学期累计VR课内授课超过100节，成为学校的常规教学手段。

第五章

5G+ 远程教育

- 5.1　5G 下的远程教育有何不同
- 5.2　远程教学的应用场景
- 5.3　5G 技术抹平数字化鸿沟
- 案例　特色"云端"远程教学，切身感受中国文化

5.1 5G 下的远程教育有何不同

从狭义上讲，远程教学是指由特定的教育组织机构，基于网络技术、教育资源和教育环境为学生提供教育服务，以学生远程学习的手段开展教育教学工作。在教育部已出台的某些文件中，也称远程教育为网络教育。

从广义上讲，远程教育是学生与教师、学生与教育组织之间通过高清视音频通信，将课程传送给校园外的一处或多处学生，实现师生基于通信技术和音视频设备的实时交流，为学习者提供更加逼真的远程学习服务。根据实现技术的不同，又包括音频、视频、VR/AR 影像等多种形式。

5.1.1 远程教育的发展阶段

在 5G 之前，我国的远程教学已经经历了一个相当长的发展阶段，主要分为萌芽期、发展期、成熟期和改革期四个阶段。

5.1.1.1 远程教育萌芽期

1998 年 12 月，教育部制定《面向 21 世纪教育振兴行动计划》，明确提出要建设"现代远程教育工程"，随后的 1999 年，教育部制定了《关于发展我国现代远程教育的意见》，同年 3 月，教育部批准清华大学、浙江大学、湖南大学、北京邮电大学四所高等院校开展远程教育试点。自此，"网络教育"正式诞生。

2000 年 7 月教育部颁布了《教育网站和网校暂行管理办法》，将现代远程教育试点院校范围扩大到 31 所；2001 年 7 月，教育部继续扩大现代远程教育学院的试点范围，从 38 所院校扩至 45 所。

2002 年 7 月，教育部制定《教育部关于加强高校网络教育学院管理提高教学质量的若干意见》，在肯定网络教育建设成果的同时，也指出了部分问题，"如少数试点高校思想观念不适应，管理制度不健全，办学条件建设相对滞后，优秀教学资源相对缺乏，特别是个别试点高校严重违规办学，影响了高校网络教育的正常秩序。"

总体来看，经过初期的准备阶段，远程教育已经成为人们可以接受的一种教育手段，并帮助当时的教师完成了对应的教育教学工作。

5.1.1.2　远程教育发展期

2002 年之后，我国的远程教育进入了一个相对稳定的发展阶段，在前期取得的远程教育建设成果上，诸多教育专家也针对远程教育展开更加充分的讨论，并在《教育部关于加强高校网络教育学院管理提高教学质量的若干意见》的基础上明确远程教育的定位和作用。

同时，伴随着通信网络的更新换代，电子商务、在线社交、在线游戏等网络应用开始进入人们的视野，远程教育也储备了更加丰富的教学资源和存量用户。

据统计，2006 年我国函授招生人数为 79 万人，网络教育的招生人数为 113 万人，成为远程教育发展以来的第一个人数高峰。

5.1.1.3　远程教育成熟期

2007 年对于远程教育来说是具备重要意义的一年，党的十七大报告指出"优先发展教育，建设人力资源强国"。要实现这样的目标，就必须"发展远程教育和继续教育，建设全民学习、终身学习的学习型社会"。

2007年2月，教育部办公厅发文批准弘成科技发展有限公司和知金教育咨询公司分别与有关试点高校联合开展现代远程教育公共服务体系建设试点项目。同意弘成科技发展有限公司在北京、上海、江苏、浙江等省（市）建立10个数字化学习示范中心，与东北财经大学、中国人民大学、重庆大学等有关高校联合开展现代远程教育公共服务体系建设试点项目。同意知金教育咨询公司在北京、上海、山东、广东等省（市）建立10个数字化学习示范中心，与北京理工大学、江南大学、武汉理工大学等有关高校联合开展现代远程教育公共服务体系建设试点项目。

这是第一次由公司与高校合作建设现代远程教育服务体系，由高校发挥本身在教育资源和师资力量方面的优势，由公司发挥在网络技术、市场运营等方面的优势，双方优势互补，共同承担起当时国内远程教育发展的重任。

同年12月，教育部、财政部公布2007年国家精品课程名单，49门网络教育精品课程进入名单，这是自2003年开始评选国家精品课程以来，首次评出的网络教育精品课程。

种种举措充分说明，经过近十年的摸索，远程教育获得了相对成熟的发展，已经真正成为提高教学质量、促进教育行业良性发展的方式之一。

5.1.1.4 远程教育改革期

进入4G时代之后，首先发生改变的是学习终端从以往的台式电脑转向了智能手机、笔记本、PDA、车载电脑等多种终端设备，学习渠道也从固定的远程教育公共服务网站拓展到了教育社区、在线课程网站、教育博客、微博等平台，学生可以更加方便快捷地获取网络上的教学资源，完全突破了上个时代对于远程教育的定义。

在此期间，也涌现出了一批远程教育的代表性产品形态，例如内容师资平台出现了新东方在线、学而思网校、高思教育等行业领先公司；教育内容电商平台出现了网易公开课、沪江网、腾讯教育、百度教育等产品；在线工具平台则出现了 YY 直播、传课网、抖音等以直播和短视频为主的工具。这些平台和产品的出现都让在线教育在 4G 时代获得了长足的发展，尤其是直接面向用户的 C 端产品更是培养了用户使用平台或者手机 App 获取教育知识的用户习惯。

5.1.2 远程教育存在的问题

那么在以上四个发展阶段中，远程教育又存在着哪些问题呢？

5.1.2.1 基础教育云平台没有得到足够的重视

所谓统一的基础教育云平台是可以面向全国范围内的校园用户提供教学服务和教育教学资源，实现教育均衡化目的的云平台，自 2012 年起，"三通两平台"承担起了统一教育云平台的责任。"三通两平台"即宽带网络校校通、优质资源班班通、网络学习空间人人通、建设教育资源公共服务平台、教育管理公共服务平台，是为了让学校的教师可以在统一的平台上获取优质教学资源，在此基础上完成备课、批改试卷和作业等教学工作，让学生可以在平台上获取不同区域的教学资源，对于学习过程中遇到的问题可以找到相应的资源和习题，从而实现全国范围内基础教育资源的均衡化和统一化。

在实际使用过程中，仍然存在着各系统和机构之间分散建设、系统封闭和资源难以共享等问题，在某些地区的教育云平台建设中，缺乏统一的基础建设管理、教学资源管理、运营支撑管理，对于教师和学生用户使用教育云平台展开教学活动和学习活动造成了极大的障碍。

2020 年 10 月，国务院教育督导委员会办公室印发《关于展开教育信息化工作专项督导检查的通知》（以下简称《通知》），其中指出"一些地方对国家推进教育信息化战略目标与具体部署了解不全面，对推进教育信息化工作的复杂性认识不足，缺乏有效的统筹规划……仍有一些省份未建成省级教育资源公共服务平台，省级平台与已建成的市县平台、企业平台取法互联互通，无法有效整合。资源平台与管理平台的基础设施建设、技术支撑和运行维护等还无法完全实现共建共享。"

对此，《通知》指出要"加强对于省级资源服务平台与管理服务平台建设的统筹，实现对两大平台的统一规划、统一建设、统一运营、统一维护。建好省级教育资源公共平台，对企事业单位及学校的各类资源进行有效整合，确保互联互通。"

5.1.2.2 教育资源利用率较低

教育资源利用率较低的情况有教育信息化起步较晚的历史原因，也有部分学校尚无法从传统教学过渡到在线教学的原因，主要体现为以下三点：

1. 硬件到位，教育应用不足

在之前的远程教育建设过程中，学校与其他相关方在硬件设施的建设上均投入了大量的人力财力，但对于软件和应用的投入相对不足，造成了硬件建设到位，但由于应用不足导致的实际使用用户较少的情况。

此外，由于不同地区之间还存在远程教育发展不均衡的情况，对于经济发达地区和欠发达地区，在远程教育上投入的网络资源和多媒体设备资源也均不相同，甚至在同一省份，城乡之间和不同学校之间也存在较大差距，这在一定程度上导致了远程教育在欠发达地区并没有发挥它的作用。

2. 观念落后，资源利用不足

很多学校对教育信息化的落地工作不够重视，对教师群体缺乏专业的培训，导致教师在使用"三通两平台"辅助教学工作时，教学方法依然保留了传统教学的特点，例如信息单向输出多，师生信息交互少，教师只是将多媒体教学课件作为课堂展示用，而很少在课件的基础上进行深入探索。

在使用教育云平台辅助教育教学的过程中，这部分用户并未改变以知识传授为中心的教学组织模式，对于统一教育云平台上广泛资源的合理利用也就无从谈起，教师和学生还处于传统的线下教学模式中，无法通过教育云平台培养在线学习的用户习惯，也无法发挥基础教育云平台的作用。

3. 统筹不足，资源重复建设

在远程教育的资源建设中，也存在着不同学校在课程资源上的重复建设问题，不同学校在某些课程上都进行了不同程度的探索研究，并呈现给最终用户大同小异的教学课件和素材，造成了人力和物力上的浪费。

5.1.2.3　用户体验较为单一，无法调动学习积极性

在 5G 时代之前的远程教育，总体来说还是以在线视频课和直播课为主要代表产品，虽然相比于之前的录播课已经有了极大的进步，但依然缺乏沉浸式学习体验，学生在学习过程中可以明显感觉到真实教学环境与远程教学环境的不同，在学习效率和积极性上也会出现一定的差异。

以上这些问题，在 5G+ 远程教育的融合过程中，都会得到很大程度的改善。借助 5G 网络切片技术、边缘计算、云计算和大数据的应用，5G+ 远程教育的教育资源平台与管理平台将支持多种教学体系下的资源共享，实现远程教育和智慧教室的互动、课堂教学与在线教学的融合、资源共享和统一管理的协同，形成基础建设管理、教学资源管理、运营支撑管理的统一。

同时，5G+ 远程教育将催生更多的业务形态和软件应用，借助 5G 网络 eMBB、URLLC、mMTC 的三大场景，远程教育将在教学质量和互动效果上获得完全不同于以往的提升，实现远程高清视频的互动教学、VR/AR 虚拟课堂、全息远程教学、全自动化智慧教室等应用，通过高带宽、低时延和海量连接，发挥远程教育对于教育资源均衡化的促进作用，让更多教师学生用户参与到 5G+ 远程教育的实践过程中。

5.2　远程教学的应用场景

5G 时代的远程教育不仅仅是工具和技术上的革新，而是要以 5G 通信技术为基础，对教育形式、教学主体和教育模式进行自下而上的革新，从而将传统课堂有限的应用场景扩展到无边界的远程教学场景中。

5.2.1　5G+ 远程教学的特点

一般来说，5G+ 远程教学的应用场景主要包括以下特点。

5.2.1.1　教学形式虚拟化

教学形式虚拟化是远程教学最基本的特征，学校和课堂不再是教师和学生交流信息的唯一场所，教师可以通过多种线上授课模式将学科知识传输给学生，学生可以利用多种终端和网络随时随地地进行在线学习，教学形式不再局限于实体的学校、课堂和师生，更加能满足不同教学群体和学习群体的需求。

5.2.1.2　教学主体去中心化

在传统的课堂教育中，以教师为教学过程的主导者，教师按照教学大纲和备课资料在上课时间进行单向的信息输入，教师与学生之间、学生与学生之间的交互明显不足。

远程教学的出现则让教育过程没有明确意义上的"中心管理者",学生可以自由选择学习时间、内容和老师;教师也从"填鸭式"教育中解脱出来,可以随时与学生进行授课内容的交流;学生与学生之间也可以针对某一具体问题进行讨论,并在教师辅导下形成结论。5G+远程教育极大弱化了"名师"和"名校"所创造的中心壁垒,实现了教育资源的均衡化和去中心化。

5.2.1.3　教学模式信息化

教学模式信息化指的是课程内容和教学手段的信息化,不管是课堂教学还是课后作业都可以通过通信网络和智能终端来实现,教师通过教学管理系统进行课前预习和课后复习的通知,学生通过平台接受数字化的学习资源。在5G技术与人工智能、大数据、VR/AR等新技术结合的背景下,教学过程中的信息传输以全新的方式出现在各种教学场景中,构建出5G+远程教育的新生态。

5.2.2　5G+远程教学的使用对象

具体来说,5G+远程教学的使用对象主要包括以下三个方面:

5.2.2.1　普通教育

普通教育主要包括幼教、中小学教育和高等教育,这也是远程教育应用最广的使用对象,主要通过"专递课堂""名师课堂"和"名校网络课堂"的形式展开授课。

2020年,教育部发布《关于加强"三个课堂"应用的指导意见》,要求到2022年,全面实现"专递课堂""名师课堂"和"名校网络课堂"(简称"三个课堂")在广大中小学校的常态化按需应用,进一步肯定了

"三个课堂"在普通教育中的重要作用。

作为教育信息化行业市场占比最大的教育群体,普通教育的远程教育是智慧教育一个重要的组成部分,作为课堂教育和线下教育的补充和辅助,远程教育对于提高教学质量、提高学习效率、推动教学方法改革有着重要意义。

5.2.2.2 职业教育

职业教育主要包括考试认证类培训和职业技能型培训,其中前者又成为在线职业教育的主要部分。以考试认证类培训为例,其主要包括以下五类内容:

1. IT 培训类:互联网 IT 技能培训,如 iOS、Android、Java Script 等系统和软件开发技能培训等。
2. 公务员考试类:国家公务员和各地方公务员的考试培训。
3. 财经类:各类财经类相关的考试,包括会计资格考试、CPA 考试、CFA 考试等。
4. 建筑类:建筑行业类资格考试,如一级建造师、二级建造师等。
5. 其他职业类,包括司法考试类、医学考试类、教师资格考试类等职业培训。

5.2.2.3 企业培训

企业培训主要包括岗位认证、技术研讨等内容,从初期的 SaaS 租赁模式到有条件的企业自建团队进行平台和内容开发,企业的远程培训已经成为人力资源建设的重要部分,并逐步代替了传统的人才培养模式。相较于培训讲师的线下授课,在线直播和远程教学的培训效率明显更高。

不同于普通教育和职业教育的地方在于,企业培训需要掌握员工在线学习的实际效果，而通过后台的数据总结和分析，更容易让企业决策者了解员工在参与培训时的学习内容和结果。

5.2.3　5G+ 远程教育的应用场景

针对以上三类使用对象，远程教育的应用场景主要包括以下几个方面：

5.2.3.1　互动课堂

互动课堂是指通过教学现场的音视频同步传输，与不同地区的学生实现双向的音视频交流，让不同地区的教师和学生也可以享受在同一间课堂上课的视听体验。

教师通过电子白板、文档共享、桌面共享、互动答题、小组讨论等功能，支持学生使用 Pad 端、PC 端等多种终端接入互动课堂。

同时，对于现场无法参加互动课堂的同学，也可以实现摄像头自动跟踪、课程录播和编辑，方便其他学生使用录播资源进行重复学习。

5.2.3.2　名师直播课

名师直播课指教师运用直播技术进行现场即时直播授课，模拟现实中的授课气氛和过程，通过通信技术完整地传输教师授课时的音频、视频、文档等课程内容，并同步展现给不同地区的学生，学生在直播过程中有任何疑问，都可以随时提出，方便教师及时解答并反馈。

5.2.3.3　双师课堂

顾名思义，双师课堂是主讲与助教两位老师相互配合，达成线上与线下相结合的教学模式。其中，主讲教师通过视频直播讲解课程内容，助教老师负责观察学生的课堂表现，维持课堂秩序，并在课后负责学习答疑、批改作业等，如图 5-1 所示。

图 5-1　双师课堂示意图

在 5G 时代之前，由于带宽速率和建设成本等多重因素的制约，在双师课堂的教学过程中会出现带宽不足、传输延时、稳定性差等问题，导致教学效果无法保证，师生无法实现双向实时互动，也无法得到教师和学生的认可。

而 5G 技术首先解决了双师课堂中带宽和时延的问题，让教师和学生在实际应用中真正实现主讲教师和助教教师的优势互补，同时，双师课堂也可以让教育资源不发达的地区远程共享优质教学资源，实现教育资源均衡化。

5.2.3.4　全息课堂

全息课堂主要包括授课区和听课教室两部分，在听课教室部署全息讲台，就可以将授课区的教师影像及课件内容通过全息投影呈现在听课教室的学生面前，实现自然式交互远程教学。

1. 授课区

授课区主要用来采集授课教师的音视频数据，教师可在授课区内观察到学生的听课状态，并进行实时互动。

2. 全息听课教室

全息课堂是基于 MR、人工智能等技术，借助 5G 网络高速率、低时延的特点，通过全息屏幕将授课区的教师影像数据呈现为裸眼 3D 的投影效果，实现教师、学生、教具、素材、场景等要素的紧密结合，将抽象难懂的知识点变为动态的全息 3D 模型，便于学生理解和记忆。

2019 年 9 月 26 日，"北京－上海－成都－青岛"四地同步"5G+MR"全息课堂教学活动在上海市格致中学举行。在本次"5G + MR"全息课堂上，来自上海市格致中学、北京市第十八中学、成都教科院附中、青岛萃英中学四所名校的师生通过 5G 网络、增强现实和人工智能技术，共上一堂高一物理电磁学课。

（以上内容据澎湃新闻综合整理）

在 5G 时代之前的全息课堂方案普遍存在建设周期长、使用灵活性低等问题，均未进行大规模的推广使用。5G 的高带宽、低时延、高可靠等特性则针对性地解决了在信息传输速度和传输量上的问题，保证了全息课堂在授课内容和课堂互动上的无延迟。

5.2.3.5 AR/VR 教室

AR/VR 教室是指利用计算机和网络技术模拟虚拟的教学环境，将教育内容转化为能够让人感受到的现象，使学生沉浸到教学环境中。学生们通过佩戴 VR 设备，在预先设置的 VR 场景中可以获得身临其境的体验，一方面可以与教师的教学过程形成更加频繁有趣的互动，另一方面也可以打破传统课堂的封闭学习体验，提高学生的积极性、主动性。

5.2.3.6　在线学习

除了以上五种场景，远程教学还包括微课、MOOC、翻转课堂等多种在线学习模式。其中微课以短小性教学视频为特征，针对明确的教学环节和知识点进行微型化的在线教学，MOOC 则是大规模的在线网络开放课程，大多是由专业的课程分享组织以在线学习的形式发布于互联网上的开放课程。

在 2020 年的新冠肺炎疫情中，远程教学充分发挥了以上场景中的应用，在很大程度上改变了人们对远程教学的认识，尤其是在中小学"停课不停学"的过程中，远程教学得到了中小学教师和学生的支持，无形之中培养了大量用户的远程学习习惯，在此基础上，远程教学必将会得到更多用户的支持。

5.3　5G 技术抹平数字化鸿沟

随着 5G 时代的到来，传统意义上的远程教学也发生了相应的改变，结合 5G 网络的边缘云、网络切片、物联网和人工智能技术，学校的各个角落不需要部署多种网络，可以由统一的 5G 网络来承载。

在此前提下，远程教育消弭教育资源差距的重任也得到很大程度的实现，5G 网络大带宽和低延时的特性可以保证不同地区的远程教学过程中，教学设备的交互显示可以即时传输到听课端，教师的音视频也可以同步传输到听课教室的大屏幕或其他终端设备上，听课学生可以毫无延迟地体验远程教学。

5.3.1　远程教育实现教育均衡化

随着 5G 网络的覆盖以及师资力量的集中化，远程教育将成为部分教育不发达地区开展优质教育的基本方式，在优质教师资源暂未普及的部分地区，5G 网络成为抹平数字化鸿沟的重要基础设施，有助于教育资源和教师身份的进一步转变。

5.3.1.1　教育资源的均衡化

在一线城市和省会城市，教育资源往往比较集中，而偏远地区的教育资源与之相比还存在明显差距，无法接受良好教育的学生往往面临着辍学或升学困难的问题。

当下，教师的大规模流动目前还不具备实施条件，借助通信技术可以实现一定程度的教育资源的均衡化。对于教育资源较差的地区，可以通过远程教育，由优质教师通过直播或者更加先进的 VR/AR 课堂，在教育主管部门的统一管理下，实现整个区域的课堂去中心化，让学生在教师资源不充足的情况下，也可以享受到优质的师资。

为打破城乡教育资源分布不平衡的困局，2019 年 11 月 12 日，位于北京的人大附中、北京航空航天大学与江西兴国中学共同展开了一节 以"解读脑语 脑－机接口技术初探"为主题的双师课堂。

本次双师课堂教学以 5G 网络为基础，以云视讯音视频实时交互系统为核心，融合了人工智能技术、全息技术等。在人大附中的主讲课堂上，通过云视讯双师课堂的优质软、硬件系统，实时将高清的课堂画面和高质保真的声音传送至江西兴国中学和北航的课堂，实现了"三地共上一节课"。

在 5G 技术的支持下，云视讯双师课堂可以为音视频交流提供高速稳定的传输路径，真正实现课程的实时同步，人大附中会场的视频设备和音频设备将高清稳定的视频画面和高质量的音频同步传输到江西兴国中学和北京航空航天大学的课堂上，江西兴国中学的同学们与远在北京的同学们进行实时互动。

（以上内容据中国日报网综合整理）

5.3.1.2 教师水平的均衡化

教师教学水平不同的主要原因在于不同学校在教师培育上投入的资源不同，一线城市和省会城市对于教师的培养投入力度相对较大，学科匹配程度和学生授课效率相对较高；普通学校对于教师培养上投入的资源较少，教师的教学水平主要靠积累授课经验来提升，相对缓慢。这就造成了不同区域之间教师水平也出现了较大的差异。

远程教育和双师课堂可以一定程度上解决教师授课水平差异较大的问题，对于授课能力强的教师，可以借助远程教学方式将同一节课的内容传播给更多学生，实现不同区域的教育资源共享。

5.3.2 远程教育缩小教育水平差异的举措

5G+教育的出现不仅让教育资源在更大范围实现自由流动，还可以在5G网络的支持下，使用多种终端随时随地进行备课，借鉴全国范围内优秀教师的经验来提高自身的教学水平和专业能力。在5G+远程教学的支撑下，可以通过以下四方面措施缩小不同区域之间教育水平的差异，进一步抹平教育数字化发展的鸿沟。

5.3.2.1 构建5G协同教学，缓解教师资源的缺失问题

如上文所述，目前不同区域之间教育发展不均衡的一个原因在于教师资源的缺失，为了实现城乡教育水平同步提高，可以通过建立5G网络下的协同教学，解决部分地区教师水平不足的问题。

以上文提到的人大附中、北京航空航天大学与江西兴国中学的双师课堂为例，人大附中在双师课堂中承担了输出优质教学资源的责任，可以通过5G网络和云视讯交互系统对外输出知识，而兴国中学则作为远程接收教学资源的一方，在与人大附中建立远程授课关系的同时，也可以让本校教师获得教学经验的提升，促使课堂教学进行改革。

5.3.2.2 构建优质教学资源共享模式，实现强校弱校联动效应

优质教学资源共享模式可以在短时间内弥补弱势学校在教学资源建设

方面的短板，利用强校提供的课件、教案和教学方法，短期内提高弱校在备课备考和教学方面的水平，在统一的教育云平台统筹管理之下，各学校可以根据自身的学科优劣势进行相应教学资源的引入。

同时，针对不同学校的教学难点和建设短板，可以建设区域教育网内的远程视频直播和互动教学，完成在线备课、远程教学、课后反馈等全流程的教学资源共享协作，实现选取教学资源、学生课堂互动、教学流程设计、授课数据分析等方面的联动。

5.3.2.3 发挥学生的主观能动性，提高自学能力

传统教学过程中，学生的学习水平往往跟教师的教学水平有关，教师的教学水平较高，在课堂教学中就可以将更多的学科知识传输给学生，反之，学生则无法接受足够多的学科知识。

在 5G+ 远程教学模式下，学生能否获取更多的学科知识并取得优秀成绩则不完全取决于教师的教学水平，学生可以在课下发挥学习的主观能动性，获取更多的学习途径。

例如教师通过教学软件布置了预习任务，在学生通过网络教学资源进行充分的预习之后，教师在课堂上可以针对共性问题进行集中讲解，针对个性化问题进行一对一答疑，大大提高了课堂教学的效率；课后教师通过教学软件推送在线作业和复习视频，学生可以通过观看视频再次进行自主学习，完成课堂学习知识的巩固。

通过 5G+ 远程教育在课前、课中、课后等环节的介入，不仅将学生接收教学信息的渠道从线下教师扩展到了全网络全平台，而且提高了学生获取教学资源并开展学习行为的主动性。

5.3.2.4 提高学校教育信息化建设水平和利用效率

2018 年，教育部印发《中小学数字校园建设规范（试行）》，要求中

小学"利用云计算、大数据、物联网、移动通讯、人工智能等信息技术,实现从基础设施(网络、终端、教室等)、资源(教材、图书、讲义等)到应用(学习、教学、管理、生活等)的数字化。"

2021年,教育部印发《高等学校数字校园建设规范(试行)》,提出:基础设施方面,应确定适度超前的基础设施建设性能和容量等指标,选择主流和相对成熟的技术路线和设备进行基础设施建设,重视基础设施安全等。信息资源方面,应对学校信息资源建设内容、标准规范、建设方案等进行总体规划设计,将相关的标准规范落实到具体的工作流程、业务规范和技术平台中,推进和鼓励信息资源的共享和创新应用等。

对于中小学校和高等院校,开展远程教育所需的不仅仅是5G网络和校园专网,还包括教学资源、智能硬件、设备终端的日常维护,这些都需要学校和教育主管部门投入一定的建设成本,并根据用户需求进行升级迭代。在"教育经费中按不低于8%的比例列支教育信息化经费"这一政策规定下,随着国家财政性教育经费的稳定增加和对加大信息化投入比重的鼓励,2019年全国教育信息化经费达到3629.2亿元。中小学校的信息化建设正在加速推进,但在实际实施过程中,也会出现使用效率不高或者资金配置不合理的情况。

使用效率方面,在部分地区的教育信息化建设中,学校和教育主管部门只按照预算经费进行硬件的采购和布置,但与这些硬件相结合的软件和课程资源相对较少,有不少还停留在探索的阶段,学生跟教师并没有享受到教育信息化的成果。

资金配置方面,区域内教育信息化建设过程中缺乏统筹管理,存在资金使用不合理的问题,区县和学校往往根据自己的需求开展不同标准的信息化项目,整体比较散乱,区域之间和学校之间无法实现联动,往往是同样功能的系统建设了多次,而且无法实现数据打通和应用共享,无法发挥教育信息化软硬件的优势，造成了资金配置不合理的现象。

为解决系统整合不足、数据共享不畅、服务体验不佳、设施重复建设等突出问题，2021年3月，教育部印发《教育部关于加强新时代教育管理信息化工作的通知》，要求加强教育管理信息化统筹协调，优化信息系统供给模式，提高教育数据管理水平，促进管理服务流程再造，提高基础设施支撑能力，以信息化支撑教育治理体系和治理能力现代化。

《教育部关于加强新时代教育管理信息化工作的通知》针对过往教育信息化建设中出现的问题对症下药，对学校教育信息化建设提出了更高的要求，预计到2025年，可以基本形成新时代教育管理信息化制度体系，大幅提升信息系统一体化水平，数据孤岛的问题得以解决，全面提升教育决策科学化、管理精准化、服务个性化的水平。

提高远程教育在中小学校和高等院校的普及率，对于提升教育质量、均衡不同区域之间的教育水平、发展素质教育都具备很重要的意义。在通信技术、互联网技术和各种硬件设备的支持下，由拥有优质教育资源的学校向偏远地区输出教学内容，而教育基础相对薄弱的地区接受先进的信息化手段和先进教育理念，从而促进教育均衡发展，让所有学生都可以平等地享受优质的教育资源。

 特色"云端"远程教学，切身感受中国文化

随着我国国际影响力的提升，各国人民的中文学习需求与日俱增。截至2020年底，全球共有180多个国家和地区开展中文教育，70多个国家将中文纳入其国民教育体系，正在学习中文的外国人人数超过2000万。菲律宾雅典耀大学孔子学院中方院长梁广寒认为，经济全球化时代和中国经济实力及影响力的上升，使得全球中文学习需求持续上升。白俄罗斯国立大学孔子学院院长托济克称,白中未来深化合作需要大量懂中文的人才。开放的中国与世界各国的联系日益紧密,为外国人学习中文带来源源不断的吸引力。

如今,互联网为外国人学习中文扫清了障碍,外国人学习中文有了新渠道。2020 年新冠肺炎疫情期间,互联平台成为外国人学习中文的重要渠道。据了解,教育部"中文联盟"云服务教学平台面向全球免费提供 190 多门 6000 多节在线课程,惠及 200 余万海外中文学习者。此外,全球中文学习平台自 2019 年 10 月上线以来,广泛汇集中文学习资源,覆盖了近 170 个国家和地区的用户。全球中文学习平台并非仅仅是普通的线上授课,口语评测引擎、声韵调纠错等针对语言学习的关键性技术取得突破,让中文学习更加智能。

除此之外,中国书画、戏曲、美食等教学内容也都通过线上课堂的方式进行传授,受到了各国学生欢迎。

1. 书画讲座,了解妙笔丹青

2021 年 6 月,在泰国宋卡王子大学,60 余名学生在线聆听了一场"中国书法的魅力"讲座。

上海大学美术学院的苏金成教授通过展示各大书法名家的经典字帖,向学生们介绍了篆书、隶书、楷书、行书、草书这五种书法字体,并选择《颜真卿颜勤礼碑》作为演示范本,讲授了基本笔画的书写方法和常用汉字的书写技巧。

"人字撇轻捺重,日字横细竖粗,卿字有上下高低之变,事字的六横四竖笔笔不同。"苏金成表示:"中国书法追求笔画线条结构变化之美,这就是书法的魅力。"

在匈牙利罗兰大学,为了让学生更加了解中国书画,当地书画艺术家贾尼斯·霍瓦斯教授开设了以"春天的花朵"为主题的线上视频课程。课程中，霍瓦斯对中国传统花鸟画中最常见的花朵进行了详细讲解和演示。不少学生表示，能够在线学习中国书画，感受艺术之美，让自己对中文和中国绘画更感兴趣了。

2. 京剧课堂，感受戏曲艺术

在巴西，"领略京剧文化的魅力"文化通识课吸引了30名学生在线参加。国际中文教师周红霞通过图片和视频，向学生详细讲解了京剧的发展过程、表演特点、服饰要求等，并带领学生欣赏了由当代著名京剧表演艺术家王珮瑜和于魁智表演的京剧名段。

在韩国，中华文化系列讲座及线上体验活动让参与的50余名学生收获满满。在中国京剧文化主题活动中，国际中文教师彭婷和杨雪吟介绍了京剧的历史、表演形式和四大行当，并从脸谱的起源、脸谱的颜色以及脸谱的特点与应用等方面深入浅出地进行了介绍。

在巴西，一场"中国京剧艺术的表演、唱腔特点及脸谱知识"线上讲座吸引了来自巴西伯南布哥大学与美国宾汉顿大学的20余名学员参加。国际中文教师主沉浮从京剧的起源和特色，京剧行当，京剧中的"唱、念、做、打"，西方电影角色和京剧角色的对比等方面，介绍了京剧的基本知识，使学生对京剧的历史渊源和艺术内涵有了初步认识。

3. 特色美食，品味中国味道

美食一直是各国学员热衷的话题。在意大利，国际中文教师王珊珊为学生们带来"中国的饮食与地理"主题讲座。她首先解释了"北面南米"的差异，用图片展示了中国北方的特色面食以及南方种类丰富的米粉，介绍了节日期间南北方不同的饮食习俗，并通过气候、地理特点等进一步解释。

对于对外汉语教学来说，远程教学的推广运营还任重道远。在过往的对外汉语教学培训中，大部分教学过程的展开都在教室内进行，远程教学的课程内容和教学经验都还远远不足，还没有专门的远程对外汉语教学培训，相关的教学理论也略显不足，在之后的对外汉语远程教学中，需要进一步结合其他教学手段和技术工具，形成整体的对外汉语智慧教学环境，不断提高对外汉语教学的信息化水平。

第六章
5G+ 智慧校园

- 6.1 未来的智慧校园不可想象
- 6.2 智慧校园的应用场景
- 6.3 智慧校园中的 OMO 模式
- 案例 时下流行的智慧校园是什么样的

6.1 未来的智慧校园不可想象

自从 2008 年 IBM 公司提出"智慧地球"的概念以来,数字化、网络化和智能化就被公认为是未来社会发展的大趋势,而随着物联网、云计算等技术在工业、农业、环境、交通等领域的应用场景日益广泛,教育行业的数字化、网络化和智能化也逐步提上了议程。

在 5G 网络普及之前,受网络传输等技术水平的限制,实时监控、数据采集、远程操作、智能调度等功能在校园里都是难以实现的。在 5G 网络逐渐普及之后,以物联网和云计算为核心的智慧校园已经成为学校进行教育信息化首选的技术解决方案,也一跃成为国内诸多教育信息化厂商的热门话题。

学校和教育机构希望通过智能校园系统来提高教学竞争力,推动教育教学水平及学校管理水平的发展和提高;运营商和教育信息化厂商希望通过智慧校园进入潜在市场;家长和学生希望通过智慧校园的先进技术来提高学习效率,建立家校沟通桥梁。三方一拍即合,为 5G+ 智慧校园的开展奠定了扎实的基础。

6.1.1 智慧校园的"智慧"何在

可以说 5G 技术的成熟,大大改善了传统意义上的校园环境,从学生进入校门的那一刻起,随时都能体验智慧校园带来的便捷之处:

进入校园，学生通过智能闸机感应进门，考勤系统会自动对学生做无感知考勤；考勤记录数据会同步发送到老师和家长的终端上；在学校中控室，大屏幕上正显示每个入校学生的个人信息，老师可一目了然地看到学生的出勤情况，是否有学生未出勤或走错教室，还可以看到学生的体温。

进入教学楼，基于人脸识别的 AI 系统和智能导航系统将自动帮助学生找到自己的班级或教室；

上课之前，教师就已经通过办公电脑用教学软件完成备课，并与教室中的电子黑板完成连接，在授课或备课过程中，还可以实时接入线上名师进行教研。

上课之后，学生们头戴 AR 设备进行沉浸式学习，对于生物、物理等实验性较强的学科，可以身临其境地理解相关的知识。

全息投影技术可以让千里之外的教师"亲临"现场，也可以借助 AI 技术还原历史人物：讲唐诗宋词，还原李白、杜甫的音容笑貌；让学生直接隔空与马克思对话。

课余时间，校园内 5G 网络全覆盖，可精准定位每个学生在学校里的行动轨迹，超出安全范围会自动报警。教师通过办公室的管理系统对各种信息一目了然，把原来用于教务管理的精力回归到教学上。

学生在放学回家之后，如果对今天老师讲的某个知识点没有理解，不用再打电话问同学或者问老师，只要打开在线教育网站找到这个知识点的教学视频，跟在教室里听讲没什么不同。

6.1.2 智慧校园究竟是什么样的

关于智慧校园的内涵，《教育信息化 2.0 行动计划》中就教育信息化 2.0 的具体实施行动提出了以下几个方面的要求：数字资源服务普及行动、网络学习空间覆盖行动、网络扶智工程攻坚行动、教育治理能力优化行动、数字校园规范建设行动、智慧教育创新发展行动、信息素养全面提升行动。

其中"智慧教育创新发展行动"部分明确提出"以人工智能、大数据、物联网等新兴技术为基础，依托各类智能设备及网络，积极开展智慧教育创新研究和示范，推动新技术支持下教育的模式变革和生态重构。"

相对于其他行业在数字化方面的进展，我国在智慧校园方面的研究相对较晚，一直到 2009 年才开始进入培育期，这个阶段的智慧校园也可以称之为"数字校园"，其研究的重点主要集中在数据整合与应用集成两个方面，其目标是实现学校信息资源整合、信息应用集成，构建各类信息充分共享和流通的统一数字平台。在这个阶段，国内的中小学和高校基本实现了门户网站和校园 OA 系统的业务整合。

但仅仅实现学校信息资源的整合，而无法推动教学模式的改革，还远远不足以称为"智慧校园"，因此，2010 年，浙江大学第一次提出了"智慧校园"的雏形：无处不在的网络学习、融合创新的网络科研、透明高效的校务治理、丰富多彩的校园文化、方便周到的校园生活。简而言之，"要建设一个安全、稳定、环保、节能的校园"。

"智慧校园"的概念提出之后，不同领域的专家也给出了不同层面的定义。

教育技术学专家认为智慧校园是基于网络技术构建资源共享、智能教学的新型教学环境，网络技术是实现智能教育的技术和工具，智慧校园应该更加侧重智慧教学、课堂互动等教学方式的改革。

通信技术专家则更加侧重物联网等通信技术的底层建筑作用，认为智慧校园应当以物联网等通信技术为基础，构建"万物互联"的新型校园环境。

教育信息化专家则兼顾教育技术和通信技术两者，认为智慧校园应该合理利用通信技术，突出教学方面的应用和服务。

从2012年起，国内教育信息化体系的关键词是"三通两平台"。"三通两平台"主要包含：校校通、班班通、人人通、教育资源公共服务平台、教育管理公共服务平台，如图6-1所示。

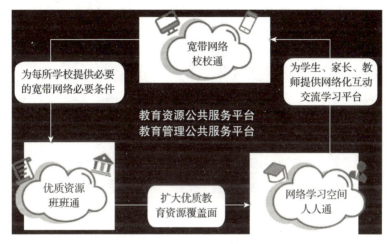

图6-1 "三通两平台"示意图

以实现"宽带网络校校通、优质资源班班通、网络学习空间人人通"为核心目标，三大运营商及科大讯飞、武汉天喻等教育服务提供商在全国范围内建设了一系列的教育资源公共服务平台和教育管理公共服务平台。

如图6-2所示，通过"三通两平台"的建设，学校教师可以在线进行教研、备课、授课；学生家长可在线学习、接收作业、家校沟通；教育主管部门向区域内的中小学提供标准化的教育信息化解决方案。

进入5G时代后，综合了5G专线、物联网、多媒体、网络智能化等多种技术，才算在真正意义上实现了"无处不在的网络学习、融合创新的网络科研、透明高效的校务治理、丰富多彩的校园文化、方便周到的校园生活"。如图6-3所示，基于5G网络的特性，学生可以在校内随时随地进行网络学习，教师可以借助低时延的网络环境进行多地多人的同步教研，学校管理者也可以建立起高并发、实时控制、精确管理的校园信息管理系统。

5G+ 教育
5G 时代的教育变革

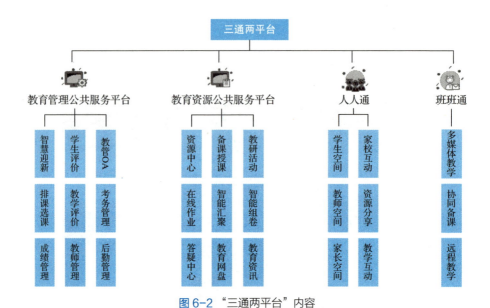

图 6-2 "三通两平台"内容

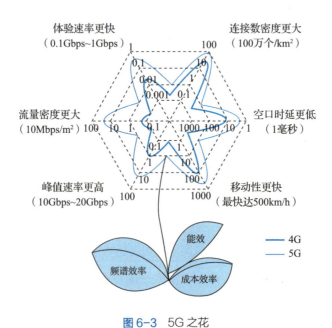

图 6-3 5G 之花

图来源:《面向未来,5G 之花绚丽绽放》,《人民邮电报》2017 年 1 月 10 日,林婧。

第六章
5G+ 智慧校园

2019 年，国家财政性教育经费占国内生产总值比例继续保持在 4% 以上，中央财政教育支出安排超过 1 万亿元。根据智研咨询报告显示，2019 年我国智慧校园市场规模达 563.89 亿元，同比增长 9.95%（见图 6-4）。随着 5G、人工智能等技术的发展，以物联网为基础的智慧校园建设将迎来广阔的发展空间，预计到 2026 年我国智慧校园市场规模将达到 975.27 亿元（见图 6-5）。

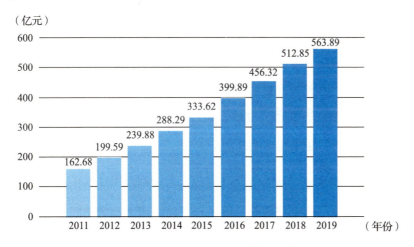

图 6-4　2011—2019 年智慧校园市场规模

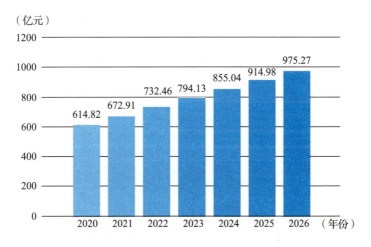

图 6-5　2020—2026 年智慧校园市场规模预测

以物联网技术为例，目前国内各大院校已经逐步建立了集水、电、安保等功能于一体的智能管理信息系统，以信息传感器为统一标识，初步具备了智慧校园的各项功能。从这个层面来说，物联网已经成为建设智慧校园的通信基础。

2020年新冠肺炎疫情期间，中国移动（成都）产业研究院推出了基于物联网技术的测温手环和电子学生证，在原有通话、定位、行动轨迹、支付等功能的基础上，实现随时随地的无障碍体温检测。

通过与智慧校园系统和家长的手机终端相对接，可以实现对校内人员的精准摸排、监测校园疫情动态发展，实现智能化管理的目标，而且通过收集统计测温手环的数据，可以形成校内人员信息温度和轨迹的信息图，为分批、分级返校复学提供有效决策支持。

随着人们对于智慧校园需求的增长，可以预见今后会出现更多智能化的教育教学场景，对于跨网络、跨平台、跨应用之间的协同能力也会提出更高的要求。

6.2 智慧校园的应用场景

那么,智慧校园是如何把物联网、云计算、大数据这些新技术结合到应用场景中的呢?

6.2.1 平安校园

6.2.1.1 考勤管理

校园考勤、家长接送一直以来都是学校和社会关注的问题,但传统的门卫管理和常规视频监控并不能及时发现学生擅自离校或没有按时到校等问题。

依托人脸识别和云计算技术,学校事先录入学生人脸,并在校门的入口通道布控摄像头,当学生通过摄像头区域时进行自动抓拍,并与云服务器中的人脸数据进行对比,匹配成功,则生成学生的考勤记录。

同理,学校还可以在校门出口和宿舍出口等区域布控摄像头,当学生有逃课行为或不按时回寝室时,系统自动收集学生信息并通知教师或宿舍管理员,提高了平安学校的管理效率。

2019年9月3日,中国移动助力北京邮电大学搭建基于"和识"人脸识别技术的智能迎新系统,支持北京邮电大学研究生迎新工作,带给师生全感知、全连接、全智能的迎新新体验。

迎新系统由中移物联网有限公司、北京移动携手搭建，通过"和识"人证对比功能，新生报到当天仅凭"刷脸"即可完成全部报到流程，降低了报到难度，提高了报到效率。截至当天中午12点，已有79.6%的新生完成入学手续办理。"和识"迎新管理系统与学校收费系统、招生系统、教务系统、学工系统、数据中心等系统平台完成对接，实现信息互通和数据统计，让新生信息一点即可录入，方便学校的管理单位即时掌握新生报到进度。

6.2.1.2 视频监控

智慧校园不仅可以防止外来人员进入学校，而且可以将AI智能分析部署在边缘服务器，对摄像头采集的视频数据进行分析处理。

例如，通过分析情境信息，运用动态检测算法判断学生的移动行为是否异常，及时发现校内人员的行为是否有安全隐患；通过大数据分析统计不同时间段的人员密集区域，实行错峰上下学；结合LBS（Location Based Services）定位技术，实时监控校内的人员异常区域，如某些区域人数剧增或者突然减少，则向校园管理人员及时预警，避免可能出现的安全问题。

6.2.1.3 智能测温

2020年新冠肺炎疫情期间，人脸识别测温系统开始成为智能校园的标准配置之一。通过AI人脸测温门禁，实现无感测温；通过人脸识别和体温检测后可进入校园，如有体温异常则及时同步给校园管理人员。

在教师、学生和校园办公人员进出学校时自动记录人员和体温，省去人工纸质记录的工作，提高了防控的科学性和针对性。

AI人脸测温系统集成人脸识别、活体检测、体温监测、身份核验、黑名单预警等多种功能，搭载红外热成像体温检测模块，可检测精度达0.1℃，检测误差在±0.3℃，为常态化的测温工作提供了系统支撑。

2020年，百度以AI图像识别技术和红外热成像技术为核心，开发集成"百度AI多人体温检测解决方案"，截至2020年2月底，在全国范围内已完成超过700万人次的快速体温检测。该方案的优势在于可在人群密集流动的环境中实现单人通道顺序通行下1分钟内逾200人同时实时体温检测和自动告警。

对于校园、车站等人流聚集的场所，该解决方案比人工逐个检测体温的效率更高，同时可避免因学生等待体温检测而导致的排队聚集现象，降低交叉感染风险。

（以上内容据百度安全官网、环球网综合整理）

6.2.1.4 智能安防

智能安防的应用场景集中体现了物联网和传感器的重要性，学校只需要通过对电力系统、消防信息系统、照明系统等的统一管理，在需要监控的重点区域安装烟雾探测器和报警器等设备，通过物联网将报警触发与监控中心相连接。一旦出现异常情况，监控中心可以及时得到报警信息，通过监控系统查看事发地图像，并向消防、电力等部门进行报警，实现校园安全数据的有效感知和及时处理。

2020年11月19日，中国移动智慧安消解决方案亮相中国移动全球合作伙伴大会。针对传统消防不足、消防监督效率不高等问题，通过物联网烟感、电气设备将各项数据实时传输到云平台，通过大数据、云计算进行计算分析，结合远程监控平台对消防环境的监测分析，实现智慧管理。若出现数据异常，进行事件预判、异常预警、快速反应、快速处理，可以有效提高消防管理效率，减少人力成本的投入。

（以上内容据中国青年网综合整理）

6.2.2 智能教学

6.2.2.1 智能班牌

通过 5G 网络为教学区域的智能班牌提供高速通信服务。学校为每个教室配置一个班牌一体机，一般安装在教室门口或教室内，用来显示班级信息、班级文化、校园文化、德育评价和学生考勤等信息，实现学校和班级、教室和学生以及家长和学生之间的互动，推动班级文化与校园文化的交融，如图 6-6 所示。

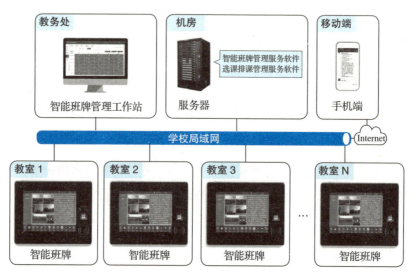

图 6-6 智能班牌示意图

智能班牌为学校提供界面清晰、操作简单、便于统一管理的信息平台与发布窗口，让学校发布校园通知、展示校园及师生风采、宣传校园文化、进行安全教育等变得轻松省时。它支持文字、图片、音视频等形式的展示及报名、投票等自定义功能，助力多元化的校园活动的进行，成为校园文化建设的一扇重要窗口和学校的一面动态信息化旗帜。

6.2.2.2 电子校证

通过 5G 网络将传统学生证或校徽升级为电子证卡，借助物联网及无线通信技术，实现老师、家长、学生的信息互通。电子学生证作为通信入口采集学生的日常状态（考勤、位置、轨迹、告警信息等），并上传到云端服务器即时进行分析与运算，一方面可以让家长通过 App 随时随地查看学生状态，另一方面可以让学校通过云平台进行智能化考勤与安全管理。

2021 年 2 月，教育部办公厅发布《关于加强中小学生手机管理工作的通知》，要求"通过设立校内公共电话、建立班主任沟通热线、探索使用具备通话功能的电子学生证或提供其他家长便捷联系学生的途径等措施，解决学生与家长通话需求。"

在此背景下，中国移动根据不同用户的需求，推出了不同版本的电子学生证，传统电子学生证主要具备的刷卡考勤和固话通话等功能，已经无法满足学生和家长日益增长的需求。而中国移动推出的电子学生证可以实现包括无感考勤、互动课堂、智能定位、亲情通话、校园消费等多种功能。

（1）无感考勤

采用先进的远距离感应式技术。避免传统门禁管理系统的费时、拥堵、不可靠。当学生进出校门时，家长的手机终端会收到同步短信，告知家长安全信息。

（2）互动课堂

课堂内互动，老师可通过资源平台选择课件或测评题，学生可通过电子学生证进行应答、抢答等。

（3）智能定位

电子学生证采用 GPS/ 基站多重定位机制，在 GPS 信号覆盖的区域，可通过 GPS 精确定位（误差在 10 米以内），通过网络同步学生位置，并可将位置信息以短信的方式发送到监护人的手机上。此外，还可以设危险区域，一旦学生靠近或进入危险区域，家长就会收到消息提醒。

（4）亲情通话

设备上有亲情键可以绑定父母的手机号码，孩子按电子学生证上的亲情通话键即可与父母通话，如果遇到突发事件，按住 SOS 键即可拨打亲情号码。

（5）校园消费

在校内外超市等其他消费场景，打开付款码即可快速完成交易，支持限次、限额在线充值。

6.2.2.3　家校互动

系统通过将学生、老师、家长三者有机协调，实现学生学情状态的实时共享，并实现对学生入校、归寝、乘校车等情况的实时报告，并具备教学视频观看、访问教学资源平台、教师远程指导等功能，实现面向学生学习的便捷化和信息化。

6.2.2.4　远程教学

通过整合教室里的电脑、投影机、投影幕布、触控一体机等多媒体设备，实现系统设备的安全关机和远程监管，老师只需要在一个镜头下进行教学，各个接入的教室电子屏幕上就可以实时同步老师教学视频，实现优秀师资的有效共享，授课范围的扩大，有效地克服了传统多媒体设备集成复杂、难以统一管理或管理功能单一的缺点。

6.2.3　绿色校园

6.2.3.1　环境监测

环境监测可以实时检测室内环境中与人体健康和舒适度息息相关的环境参数（如空气的温湿度、空气 TVOC 含量、CO_2 含量、PM2.5、室内光照度等），有助于及时处理异常信息，以确保室内环境健康安全，保障师生的身体健康，同时为其他智能系统的运行提供基础数据依据，如图6-7所示。

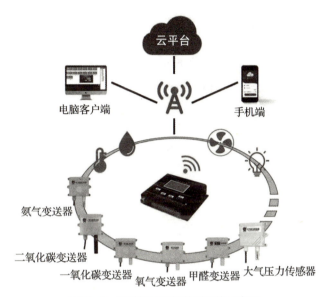

图 6-7 智慧校园环境监测系统示意图

依托监控平台，利用相关环境监测传感器、风向风速仪等实时监控检测室外空气中包括一氧化氮、二氧化氮、二氧化硫、一氧化碳、过敏性花粉、PM2.5、PM10 等几十种空气污染物及可能的扩散方向，同时实现报警以及设备联动，以保障师生身体健康。

2019 年 6 月，杭州市下城区长寿桥岳帅小学依托于 5G 网络和 AI 技术建立 3.0 版的未来校园，在校园智能化建设过程中，5G 万物互联的特性成功满足了办学中各种数据快速传递的需要。

以学校的食品饮用水安全、空气照明安全为例。学校的水质监测传感器将对饮用水的总进水管源头进行安全监测，一旦水质不达标将关停进水闸门。新风系统会实时监测室内的 PM2.5、二氧化碳、甲醛等数据，自动净化室内空气，AI 平台通过传感器获取教室光照数据，根据不同模式实时调整环境光,保障学生健康用眼。

(以上内容据中国教育在线综合整理)

6.2.3.2 能耗监控

通过安装智能断路器、智能插座、智能电表、智能水表等设备,实现对用电的精准管控,准确获取每个用电端口的数据信息,并可实现远程送/断电控制;通过加装智能水表,可以实时获知校内用水端口情况并进行远程开关控制,通过系统准确获取相关历史信息,为学校能源决策提供数据依据。

通过大数据分析,不断优化节能策略,可以自动分析和统计各个回路、教室或者特定区域的能源计量、统计、分析,提供节能优化策略和建议。

6.2.3.3 照明管理

系统根据室内光照情况进行光照色温调节,维持健康光照,使室内平均照度恒定、均匀,有利于保护师生视力,为学生提供健康舒适的学习环境。针对不同情况,可设置多种不同的光照模式(如读写、视频播放、休息等),如图 6-8 所示。

同时,可接入后台大数据平台,支持多种系统,实现多种功能,有效延长公共设备的使用寿命,维护便捷,节省维护成本。

6.2.3.4 水体监测

学校内的景观水体多数为缓流水体,容易富营养化,引起藻类及其他浮游生物迅速繁殖,造成水体溶解氧量下降,进而引起水质恶化,所养殖的观赏鱼大量死亡,影响校内环境和师生身体健康。

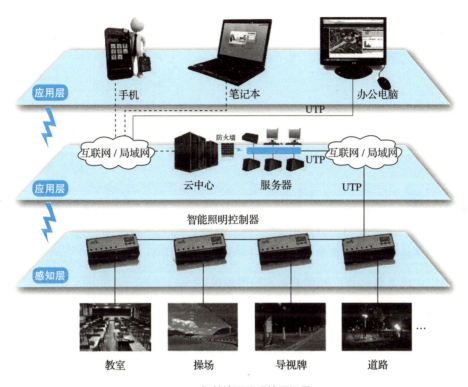

图 6-8 智慧校园照明管理场景

在以往的技术条件下，通过固网连接多个水质监测传感器线路复杂，连接成本高，4G 网络接入密度低，无法支撑大量的传感器，而通过 5G 网络结合传感器，将在很大程度上解决这些问题，实现对校园水体的远程监控与管理。

6.3 智慧校园中的 OMO 模式

纵观校园教育的发展，线上教学和线下教学一直是不断融合与发展的，从传统校园到智慧校园，线上教学虽然占用了部分线下教学的空间，但也让线下教学的成果有了更大的覆盖面。

1）传统校园：以线下教学为主，教育媒介为纸质材料和人工；

2）电子校园：以线下教学为主，出现部分线上教学的产品应用，教育媒介主要是纸质材料、计算机、局域网；

3）数字校园：线下教学和线上教学相结合，已经出现 4G 网络、Wi-Fi 网络、高清视频等；

4）智慧校园：线下教学和线上教学进一步融合，成为融合人工智能、云计算、5G/IPV6、物联网等技术为一体的校园。

而在智慧校园的阶段则要引入 OMO（Online Merge Offline，意为结合线上与线下）的概念。早在 2017 年，李开复就公开阐释了教育行业的 OMO 发展趋势。在之后的几年，以新东方和好未来为代表的 K12 教育集团一直在探索教育 OMO 之路，由于二者在线下拥有大量的门店，为线上线下融合的 OMO 模式打下了坚实的基础。

2020 年 8 月 28 日，在第五届中国教育智库年会会前研讨会（上海站）上，北京一零一中学副校长陈德收在分享关于"OMO 教学与管理课题"相关研究进展时，曾对智慧校园的 OMO 模式做过如下论述：

学术界对基础教育阶段的 OMO 模式研究尚处于起步阶段。以 OMO 模式的实践和研究为抓手，积极探索未来学校智慧校园建设的模式，尤其是教学与管理模式，将是富有改革创新思想、敢于创新担当的学校所要把握的先机。

可能有人会觉得既然已经有新东方等公司珠玉在前，智慧校园的 OMO 模式就不能算是起步阶段，其实不然，OMO 模式不仅仅是线上教学和线下教学的融合，而是以学生为用户主体，将其在线上线下、课上课下、听课和做题的所有行为数据做统一融合和分析；以教师为教学主体，将师资力量、教学资源、平台使用和运营管理的相关环节纳入 OMO 模式中。

从这个层面来说，OMO 模式不仅仅是线上教学和线下教学的加法，而是具备了线上线下用户双向流动、线上线下功能互相补充、教学主体去中心化、运管系统统一化、教育场景可拓展化五大特征，如图 6-9 所示。

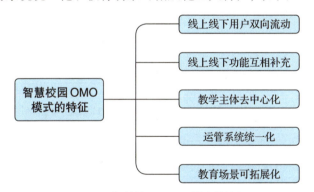

图 6-9 智慧校园 OMO 模式的特征

1）线上线下用户双向流动：智慧校园和在线远程教学的用户属于同一用户群体，根据时间和地点的不同切换学习方式；

2）线上线下功能互相补充：线上教学作为智慧校园教学的补充，智慧校园赋能线上教学，双方相辅相成；

3）教学主体去中心化：学生自由选择以线上或者线下作为学习的中

心，而不是传统教学中只能以课堂教学为中心；

4）运管系统统一化：校园用户体系做统一身份认证和管理，校方使用线上线下一体化的运营管理系统；

5）教育场景可拓展化：在线上线下已有场景的基础上，可以拓展和增加新的教育教学场景。

6.3.1 OMO 技术架构

从技术层面来说，智慧校园在物联网、云计算、大数据、人工智能、VR/AR 技术的基础上，对传统校园中的学习、生活、环境进行智慧化升级，将教学、科研、管理与线上统计分析进行融合，充分实现了校园管理、校园生活、终端设备、课堂教学和家校互动的智能化、数字化和互动化，主要包括智慧校园物联网终端设备、智慧课堂教学软件、学习数据分析服务、教学评估服务、学生基础数据融合等方面，整体技术架构可以分为五个部分，如图 6-10 所示。

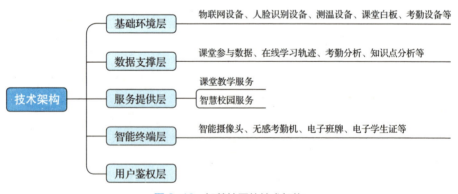

图 6-10 智慧校园的技术架构

1. 基础环境层

基础环境层主要包括校园设施设备，涵盖智慧校园中使用的物联网设备、人脸识别设备、测温设备、课堂白板、考勤设备等；以及支持这些设施设备的技术，包括 AR/VR 技术、人工智能技术、大数据技术等。

2. 数据支撑层

从基础环境层获得的数据会以图表或分析报告的形式反映在数据支撑层，包括课堂参与数据、在线学习轨迹、考勤分析、知识点分析等数据，为教学评估做好数据层面的支撑。

3. 服务提供层

服务提供层主要面向校内用户提供各种 OMO 智慧服务，包括课堂教学服务和智慧校园服务。

课堂教学服务主要提供线上线下融合的课堂互动教学，包括资源个性化推送、课堂教学实时反馈、教学评价等功能。

智慧校园服务主要包括校园内各种物联网终端的使用，如智能摄像头、无感考勤机、电子班牌、电子学生证等终端设备的管理。

4. 智能终端层

智能终端层主要包括智能摄像头、无感考勤机、电子班牌、电子学生证等终端设备的使用。

5. 用户鉴权层

通过为不同角色的用户分配权限，使家长、学生、教师、校长、教育主管部门可以分别使用对应的功能。

6.3.2　OMO 融合特征

基于以上技术架构，智慧校园中 OMO 融合特征呼之欲出，主要包括课堂融合、师资融合、资源融合和数据融合四个方面，从而实现对于智慧校园完整生态闭环的支撑。

1. 课堂融合：线下教学和线上学习相融合

课堂融合主要指借助远程课堂、全息投影等技术实现线下教学和线上学习的合二为一，可以满足不同区域的学生对于优质教学资源的需求，为学生提供全周期的教学服务。

通过在不同学校部署授课端和听课教室，可以在授课端进行线下的课堂教学，与线下的学生进行讨论，开展随堂测试、举手抢答等教学活动；通过5G网络与听课教室实现联动，听课教室的学生可以通过高清屏幕或者全息投影，与授课教室的师生进行多屏互动、资源共享和分组讨论，实现线下教学和线上学习同时进行。

2019年，中国移动在深圳龙岗区科技城外国语学校举办"5G+智慧教育"行业应用首发仪式，现场展示了第一堂别开生面的三地同步5G公开课——彩虹的秘密。

中国移动5G全息投影技术将北京的老师按1∶1的比例全息投影到龙岗区科技城外国语学校，为学生授课。

虽然深圳、北京的两位老师远隔万里，却在同一堂课上侃侃而谈，全程无卡顿、无时延，基于AR技术，师生们深入探究了彩虹形成的原理。在课后的圆桌论坛环节上，远在贵州的5位教育专家，同样借助中国移动5G远程全息投影技术进行了评课分享。

（以上内容据《深圳商报》综合整理）

5G全息投影和AR技术极大地提高了课堂学习的趣味性，充分发挥了线下教学和线上教学的优势，对提升教育均衡和教育质量起到了极大的助推作用。

2. 师资融合：教师和 AI 相融合

双师课堂并不是什么新事物，由一名主讲教师授课，多个助教老师在不同课堂协助上课的应用场景在教育直播和远程授课中已经取得了良好的实践效果。由主讲教师进行知识点的讲解，由助教老师在线下进行控场，能够提升教师的教学效率，改善线上线下的教学效果。

5G 时代智慧校园的双师融合则进一步打破了双师课堂的概念，原有的助教教师可以由 AI 助教来替代。在主讲教师授课的同时，由 AI 助教根据本次课程内容梳理知识点网络，并根据重点难点推送对应测试习题，为学生提供个性化的学习服务。

3. 资源融合：线上线下教学资源相融合

OMO 融合下的资源融合指在线下教学的基础上，将学习资源、学习工具、教学评估和教师资源等进行整合，实现多种学习方式的组合。

以精品课录播为例，教师在课堂授课之后，线下教学结束，但学生的学习过程还远没有结束。学生可以在课后在线观看回放，教师也可以在课后继续跟进学生的学习情况，及时发现问题并解决。

4. 数据融合：线上线下数据融合

OMO 融合的所有过程都是基于教学数据的传输而进行的，在智慧校园中，通过校内大量的物联网传感器和教室内的教学系统等终端设备，可以对教师和学生的在校生活进行全面的数据采集，并将这些数据传到云端进行整合分析，为教学效果、校园安全、教学管理等决策提供数据支撑。

随着 5G 网络、大数据、云计算和人工智能等的进一步普及，智慧校园的 OMO 模式将在更大范围内得到推广。线下的教学通过面对面的现实互动，保证传统的教学效果不受影响，线上教学则将行为数据化，以数据反映教师的教学成果和学生的学习过程，更加精准地定位双方可以提升的环节，做到教育全流程的精准化。加上 AI 助教、自适应教学、AR/VR 等新兴技术的融合，智慧校园中的 OMO 模式将会在未来一段时间内完成起步阶段，并进入系统化和标准化的阶段。

时下流行的智慧校园是什么样的

在 5G 网络的支持下，越来越多的学校通过通信网络、人工智能、物联网、大数据等新兴技术实现了智慧校园的全面建设。

让不同校区的学生共享教学资源，不再受到时间和空间的限制；学生出入校门可以自动人脸识别信息和上报体温，出现异常情况随时上报；在智慧教室中戴上 VR 眼镜可以畅享虚拟现实世界，在微观世界和宏观世界中自由穿梭……这些智慧校园中的使用场景已经在很多中小学中落地。在本案例中，我们通过中国移动在河南省鹤壁市部署的智慧校园产品，来了解一下时下流行的智慧校园是什么样的。

1. 5G+ 同步课堂

在以往的教学过程中，优秀教师始终是稀缺资源，为了实现优质教育资源共享，往往需要教师以公开课或者到其他学校现场授课的方式进行，对于授课教师和观摩教师来说都会带来时间上的负担。在 4G 网络时代，部分学校和机构以录播课的形式进行教育资源共享，但是录播课资源属于单向的信息同步，学生无法与授课教师进行实时互动。

而在智慧校园的同步课堂中，不同学校之间可以通过 5G 网络进行同步授课，听课端的学生可以实时看到授课端教师的一举一动，授课端教师也可以现场收到听课端学生的提问和反馈，随时调整授课终端和节奏。

中国移动鹤壁分公司在鹤壁市湘江小学和几公里之外的鹤壁市桃源小学的四年级学生之间搭建了同步课堂，两校的学生共同接受同一教师的授课，不仅让优质教师资源在不同区域之间流动起来，也让教师在互相观摩学习中提高了教学水平。

2. 5G+VR 教室

2020 年 5 月，中国移动鹤壁分公司与鹤壁市外国语中学联合打造了基于 5G 网络的 VR 教室，让学生们独立地在虚拟的教学空间里学习知识。

在地理和历史等学科的教学过程中，学生对于沉浸式教学的方法非常认可，例如有的学生在现实世界里没有见过瀑布，在 VR 虚拟环境中，瀑布就像展现在学生面前一样，伸手就可以摸到，大大提高了学生对于枯燥知识点的学习兴趣。

3. 5G+ 智慧班牌

智慧班牌几乎已经成为 5G 智慧校园的标配之一，不仅可以实时展现学校新闻和班级情况，学生还可以通过点击对应模块查看课程表、校园通知等。

同时，智慧班牌还可以担负考勤和家校沟通的责任。在进入教室之前，学生可以通过人脸识别进行签到；下课的时候，学生可以通过班牌与家长进行视频通话。

在中国移动鹤壁分公司给鹤壁市外国语中学建设的智慧班牌中，如果学生将学习用品遗忘在家里，家长送到学校以后还可以通过手机 App 发消息到智慧班牌，学生看到消息之后，就可以去学校门口的门卫处领取，这也从另一个层面严格管控了进出校人员。

4. 5G+ 智慧教育云平台

中国移动鹤壁分公司与鹤壁市电教馆联合建设的智慧教育云平台属于区域型云平台，实现了鹤壁市学前教育、中小学基础教育、中职教育、全民终身教育 4 个学段，7 个县区、800 多所学校的全覆盖。

同时，根据 2020 年教育部《教育部关于加强"三个课堂"应用的指导意见》的要求，中国移动鹤壁分公司也在智慧教育云平台上建设了"专递课堂""名师课堂"和"名校网络课堂"，可以实现不同学校之间师生的实时交流。

在智慧教育云平台的基础上，鹤壁市还建立了校园安防体系，并与公安部门实现了数据的互联互通。在校门口，通过高清摄像头车辆号码自动识别和人脸识别，进出校园的人员需要通过人脸识别才可以放行。一旦有不法分子在校园附近活动，会及时被校园安防设备捕捉，并向公安部门发出报警，进一步提高了校园安全管理水平。

中国移动鹤壁分公司与鹤壁市的学校所构建的智慧校园基本覆盖了目前大部分的智慧校园功能，除此之外，诸如电子书包、智慧储物柜、智慧图书馆等应用也都在智慧校园中得到了广泛的使用。随着 5G 技术与教育的紧密结合，学生和教师的需求将不局限于案例中提及的这些场景，这也会吸引上下游供应商在 5G+ 智慧校园中投入更多的资金和其他资源，共同打造完整的 5G 智慧教育产业链。

第七章
5G+ 人工智能

- 7.1 教育信息化 2.0 行动的重头戏
- 7.2 人工智能的应用场景
- 7.3 人工智能尚不足以替代教师
- 案例 虚拟助教、智能陪练……
  这些黑科技也太懂学生了吧

7.1 教育信息化 2.0 行动的重头戏

2016年，国务院《"十三五"国家战略性新兴产业发展规划》提出未来5—10年，是全球新一轮科技革命和产业变革从蓄势待发到群体迸发的关键时期。信息革命进程持续快速演进，物联网、云计算、大数据、人工智能等技术广泛渗透于经济社会各个领域，信息经济的繁荣程度将成为国家实力的重要标志。

2017年，在全国"两会"上，"人工智能"首次被写入政府工作报告，国务院发布的《新一代人工智能发展规划》提出，要利用智能技术加快推动人才培养模式、教学方法改革，构建包含智能学习、交互式学习的新型教育体系。开展智能校园建设，推动人工智能在教学、管理、资源建设等全流程应用。要开发立体综合教学场、基于大数据智能的在线学习教育平台。开发智能教育助理，建立智能、快速、全面的教育分析系统。建立以学习者为中心的教育环境，提供精准推送的教育服务，实现日常教育和终身教育定制化。

2018年，教育部印发的《教育信息化2.0行动计划》明确指出：构建智慧学习支持环境。加强智慧学习的理论研究与顶层设计，推进技术开发与实践应用，提高人才培养质量。大力推进智能教育，开展以学习者为中心的智能化教学支持环境建设，推动人工智能在教学、管理等方面的全流程应用，利用智能技术加快推动人才培养模式、教学方法改革，探索泛在、灵活、智能的教育教学新环境建设与应用模式。

2019年，中共中央、国务院《中国教育现代化2035》明确提出，加快信息化时代教育变革。建设智能化校园，统筹建设一体化智能化教学、管理与服务平台。利用现代技术加快推动人才培养模式改革，实现规模化教育与个性化培养的有机结合。推进教育治理方式变革，加快形成现代化的教育管理与监测体系，推进管理精准化和决策科学化。推进教育现代化的总体目标是：到2020年，全面实现"十三五"发展目标，教育总体实力和国际影响力显著增强，劳动年龄人口平均受教育年限明显增加，教育现代化取得重要进展，为全面建成小康社会作出重要贡献。在此基础上，再经过15年努力，到2035年，总体实现教育现代化，迈入教育强国行列，推动我国成为学习大国、人力资源强国和人才强国，为到本世纪中叶建成富强民主文明和谐美丽的社会主义现代化强国奠定坚实基础。

自从人工智能诞生以来，就与教育的测、学、练、辅等各个方面息息相关，学校和教育主管部门都希望借助人工智能实现科学化管理和决策，如图7-1所示。

图7-1 人工智能+教育

对于教师，人工智能可以通过课堂上的数据采集，将教学过程从数字化升级到数据化，教师不仅仅可以使用数字化教学手段，而且可以通过数据化教学直接掌握教学效果和反馈情况，减少教师在教学分析和课后反馈方面的工作负担。

对于学生，人工智能可以实现对学生的个性化分析，根据学生的基本学情制定和调整教学方案，进而实施个性化的教学活动。

对于教育主管部门，人工智能可以为区域内的教学管理提供大数据决策与建议，为不同学校的科学治理提供数据支撑。

而 5G 通信技术的出现则与人工智能形成了优势互补，5G 通信技术可以通过人工智能改变人们的生活方式和学习方式，让人工智能应用到更多的使用场景，而人工智能则反向推动 5G 网络的优化，引导用户使用 5G 网络展开工作和生活。可以说，5G 通信技术与人工智能的相辅相成让人工智能更加适用于教育行业。

以 5G 边缘计算技术为例，在人工智能辅助教学过程的第一步中，当设备和平台采集的海量用户数据接入服务器之后，势必会带来时延过高的情况，如果增大带宽，机房的网络建设成本也会让通信运营商不堪重负。

比如智慧校园中会部署大量的传感器和摄像头设备，通过这些设备收集校园和教室的视频信息，并将数据传输到云端服务器以进行下一步的分析。但这些设备每天都会收集大量的教师授课信息和学生学习生活信息，对于服务器的存储能力和计算能力都会形成很大的负担，而边缘计算部署在靠近物理设备或数据源头的网络边缘侧，可以就近提供边缘智能服务，满足人工智能快速连接、实时数据、保护用户隐私等方面的要求，使得人工智能应用的性能、整体可靠性大大提升。尤其是在课堂教育场景中，课堂教学时间一般只有 45 分钟到 1 小时，必须保证人工智能应用的响应时间足够短，才不会给正常的课堂教学带来负担。5G 网络和边缘计算无疑是最适用于这种场景的。

具体来说，5G+AI 作为近年来的新兴技术，与之前任何一种促进教育教学发展的技术在本质作用上是没有区别的，也就是说，5G+AI 是作为促进教育发展的技术手段存在的，不是教育的目的，也不是教育的内容，只是在教育信息化的过程中帮助传统教育进行升级革新，提高教育教学过程的效率，实现学生的高效学习，其作用主要包括以下三个方面。

7.1.1 促进智慧教育新场景的诞生

在智慧教育中，5G+AI 更多的是作为一种高新技术，使得教师、学生和教学过程相融合，实现教育能力和学习能力的提升，挖掘更多的智慧教育的场景，提升原有教学方式的能力，或者赋予原有教学方式新的拓展能力。例如以前的自适应学习主要是通过计算机技术检测学生当前的学习水平和状态，并相应地调整之后的学习课程和内容，而有 AI 参与的自适应学习不仅可以针对性地调整学习内容，还可以分析预测学生学习一段时间之后可以达到的学习程度，比如一个学生在一次考试之中得了 60 分，AI 自适应学习不仅可以给他推荐调整之后的学习内容，还可以根据他的数据分析和对学习内容的了解情况，预测他接下来可能达到的水平是 60 分以上还是 60 分以下。

除此之外，5G+AI 技术还可以与智能助教、AR/VR、4D 打印、全息投影等新兴技术相结合，满足智慧校园对更多新场景的需求。

7.1.2 完善特殊场景下的教育教学

在以往的教学过程中，特殊教育群体是不容忽视且需要倾注更多关注的群体，但与此同时，特殊教育群体的教学难度又相对较大，这部分人由于先天或后天原因而丧失某种能力，如因视觉、听觉、肢体等方面的缺陷，在实际的教学过程中，教师和学生都会面临因此产生的教与学的相关障碍。

在 5G 通信技术诞生之前，针对特殊教育群体的技术主要聚焦在康复方面，例如信息无障碍技术等，但实际上，在对特殊教育群体展开教育活动时，不仅要帮助他们接受普通教育，而且要针对不同的情况进行补偿缺陷和发展优势的教育，例如对听力有缺陷的儿童进行听力、语言训练，对智力发展有一定障碍的儿童进行感知觉和动作能力的训练等。

在 5G+AI 技术的支持下，特殊教育群体在接受教育方面也可以获得更多的学习空间。

1. 帮助特殊教育群体进行补偿缺陷教育

通过 AI 技术帮助特殊教育群体接受普通教育，并进行补偿缺陷和发展优势的教育，利用不同的信号帮助特殊学生获得学习的信息，例如辅助提高视障学生获得听力或肢体活动方面的能力等。

2019 年 10 月，百度在拉萨市特殊教育学校完成了"AI 图书馆"与"AI 宿舍"的改造。此前，在拉萨几乎订购不到盲文的课外读物，视障学生摄取课外知识存在一定的局限性，而且视障学生住校期间也面临着与家人通话不便的难题。在此背景下，"AI 图书馆"与"AI 宿舍"帮助视障学生获得平等接受教育的机会。

AI 图书馆：学生们只需呼唤"小度小度"，就能通过小度智能音箱播放课外读物，视障学生摄取课外知识有了更便利的渠道。

AI 宿舍：视障学生可通过呼唤小度与家中的亲人进行视频通话，同时支持设定闹钟、叫醒起床，轻松查询天气等生活小工具。

（以上内容据《新京报》综合整理）

2. 帮助特殊教育群体开展个性化教学

特殊教育群体由于先天或后天原因导致的缺陷,无法系统地接受普通教育,因而针对不同类型的特殊教育群体进行个性化教学是最适合他们的选择。5G+AI 技术可以针对不同类型的生理或心理缺陷开发出适应其特点的应用,弥补他们在接受教育方面的不足,实现特殊教育的个性化教学。

3. 建立辅助特殊教育群体交流的智能助教

在特殊教育方面,机器人助教和人类助教的区别在于:人工智能的深度学习和人类的言传身教是有不同之处的,换言之,人工智能可以在自然语言处理、语音识别技术和人脸识别技术的支持下扮演特殊教育群体的助教角色,并实时跟踪、记录和分析学生的学习生活数据,实现人工智能的自我学习和升级迭代,最终成为满足特殊教育群体需求的助教。

根据 Science Robitics 在 2018 年发表的《Improving social skills in children with ASD using a long-term, in-home social robot》研究结果,人工智能具备在人类不理解的前提之下,超越人类抓住更深刻本质的能力,在自闭症康复领域,人工智能可能成为人类康复师的一个技术补充。

在与特殊教育群体的学习交流中,由智能机器人扮演助教的角色,在交流过程中收集残疾儿童的相关数据,如学习行为数据、人机互动数据、学习结果数据等,结合大数据技术和深度学习技术,推送个性化的学习资源和交流素材,让智能机器人成为更了解特殊教育群体的角色。

Milo 是一款由美国 RoboKind 公司研发生产的孤独症干预机器人,主要以与孩子互动为主、家长和老师参与治疗。Milo 的定位是以课程为核心,擅长做社交线索和社交情景处理。Milo 的脸可以复制人的喜怒哀乐等各类表情;为了迎合孤独症孩子的认知理解能力,Milo 的语速也比正常人语速慢 20% 甚至更多。

测试显示,使用 Milo 机器人助手的孤独症孩子能够在 70%～80% 的课堂时间中参与互动;而未使用 Milo 的孤独症孩子,只有 3%～10% 的时间参与互动。

(以上内容据环球网综合整理)

7.1.3　实现教育教学效果的提升

2021 年 4 月,中国信息通信研究院和中国人工智能产业发展联盟联合发布《人工智能核心技术产业白皮书》,其中指出:"疫情加速教育培训向在线智能化发展,试题 OCR 识别、辅助批改等应用已从试点向规模化发展,推动教学管理向精准管理转变,助力个性化学习体系的建立。"相对于之前其他应用于教育行业的技术,5G+AI 技术为教育教学效果带来的提升明显要高出很多,在教学领域中,合理应用智能辅助系统、自动批改系统、学情预警系统等 AI 应用,可以有效提高教师的教学效率。

但这并不意味着 AI 应用一定可以提高教育教学的效率。与其他行业不同,教育是需要教师和学生深度参与的过程,在教学过程中,还需要师生在互动过程中迸发出创造力、主动性和发散思维,教师需要具备共情力、同理心、换位思考、逻辑分析等多种能力来处理课堂教学中的各种问题,而这些问题是 AI 应用所不能处理的。

作为教育信息化 2.0 的重要组成部分,虽然 5G+AI 技术在教育行业目前主要扮演辅助和协同的角色,但在帮助教师完成结构性教学活动、降低教育经费成本方面依然有着不可忽视的发展潜力。尤其是在线下课堂教学受限的情况下,更应该创造适合 5G+AI 技术的适用场景,促进 5G+AI 技术在教育行业中的应用。

7.2 人工智能的应用场景

2017年，国务院印发《新一代人工智能发展规划》，要求"实施全民智能教育项目，在中小学阶段设置人工智能相关课程，逐步推广编程教育，鼓励社会力量参与寓教于乐的编程教学软件、游戏的开发和推广。建设和完善人工智能科普基础设施，充分发挥各类人工智能创新基地平台等的科普作用"。从长远来看，教育行业势必会成为与人工智能深度融合的主要行业之一，在5G通信技术、云计算技术、边缘计算、大数据、人脸识别、行为识别、表情识别、深度学习等技术的基础上，建立起以智能推送、学情分析、教学评价、数据决策为一体的智慧校园系统。

在课前环节，人工智能可以基于人脸识别进行无感考勤和体温测试的统计，基于行为进行校园户外活动的异常动向监测。

在课中环节，在智能摄像头等终端的协助下，可以对教师授课、学生答题、师生互动等教学行为进行分类统计和自动分析，生成课堂教学过程的行为分析结果，教师可根据该分析结果调整教学行为，改进教学方法。

同时，可以对学生的听课行为、师生互动等行为进行统计分析，并与学生成绩进行关联分析，生成学情分析报告，为教师教学和家庭教育提供基于数据的反馈。

在课后环节，可以根据课堂教育的统计数据进行教师的授课能力分析，在不同年级和学科之间进行横向对比，协助校长和教育主管部门进行学科建设和教学管理的决策。

基于 5G+AI 技术在课前、课中、课后的使用功能，可以实现中小学校和高等院校的整体教育教学工作从"数字化"向"数据化"的转变，主要包括以下应用场景。

7.2.1 无感考勤

人工智能适用于智慧校园的首要场景就是无感考勤。对于家长和教师而言，学生进出校的校园安全问题始终排在首位。传统的考勤方式往往是教师在课堂上进行点名考勤或手工签到考勤，不仅统计正确率较低，也无法进行阶段性的数据统计分析。

无感考勤（见图 7-2）主要是通过对学生进行面部特征的收集和识别，在学生进出校门或教室的时候进行自动考勤，有效代替了传统的人工考勤，减轻了教师在教学管理方面的工作压力。

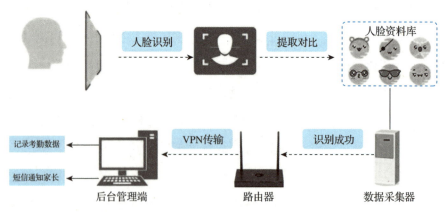

图 7-2 人脸识别考勤方案

第七章
5G+ 人工智能

7.2.2 课堂行为分析

课堂行为分析主要是通过智能终端设备采集学生在课堂上的图像和视频，并对学生的行为进行识别，当检测到异常行为时，及时提醒老师或学生，以协助老师管理课堂秩序。

通过识别图像和视频中学生头、肩、肘、手等多处关键点的组合和移动，识别学生举手、站立、侧身、趴桌子等多种课堂行为，根据课堂行为对应学生上课的专注度和活跃度，例如举手行为对应学生积极回答问题，而趴桌子则意味着走神和不专心，如图 7-3 所示。

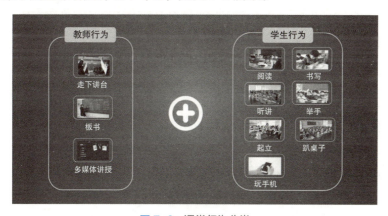

图 7-3 课堂行为分类

通过以上的行为分析，可以帮助教师了解学生参与互动的活跃度和听课的专注度、活跃学生在班级学生中的占比、不同时间段和课程中学生的不同行为等，从而进行对应的课程内容调整和教学行为调整。

但是在实际应用中，人工智能用于课堂行为分析还存在一定的隐私安全和道德伦理问题，而且学生的课堂行为存在多样性和多变性，不能单靠动作来判断是否在认真听课，而且人工智能在算法方面也会存在部分误差。因此，如何在改进教学质量又不伤害隐私安全的情况下使用人工智能对课堂行为进行督促，还是各大教育人工智能解决方案提供商值得思考的问题。

7.2.3　课堂互动分析

传统课堂中，师生互动很多时候都处于缺失或不足的状态，由于课堂时间相对有限，教师并没有足够的时间去分析通过哪些手段或者话语来提高学生互动的积极性，如何通过系统的数据分析来加强课堂教学中教师与学生、学生与学生之间的互动，是传统课堂中很难解决的问题。

人工智能在实现课堂互动分析方面，主要是通过语音识别和语义识别，将教师和学生的课堂交流过程转化为文本进行记录，将原有的非结构化数据转化为可统计识别的结构化数据，并根据课堂互动的发展进程提取互动频繁时的关键词。

在之后的教学过程中，使用面向整个班级的互动关键词或针对个人的关键词来提升互动的效果，调节课堂气氛。

7.2.4　课堂情绪分析

与课堂行为分析类似，课堂情绪分析也是传统课堂较难识别分析的一部分内容。在传统的教学中，对于教师和学生的评价往往只能靠定期的考试成绩来评判，而在课堂教学过程中，学生接受知识信息时的主观情绪和心理过程没有得到足够的重视，教师在课堂上的情绪也不会被学校管理员所关注，这些情况都会影响课堂教学的质量和学生心理的健康水平。

人工智能用于课堂情绪分析主要是通过识别课堂中学生和老师的面部表情，根据面部的关键点位分析学生和教师的情绪变化和波动情况。通过教室中的智能摄像头收集教师和学生的面部照片和视频，根据算法识别其高兴、伤心、疑惑、愤怒、反感等情绪，分析出学生们在课堂上的状态，教师可以及时了解学生对于知识传授的接受程度，从而调整讲课策略和方式，学校管理员也可以系统地了解教师在实际授课过程中的精神状态，从而做出更加全面和客观的教学评价。

人工智能在课堂情绪分析上的应用也存在一定的隐私安全和道德伦理问题，因此，目前人工智能只是提出了针对课堂情绪分析的方案，在实际推广使用中还有待商榷。

7.2.5 学业诊断

学业诊断是通过课前的学情调查问卷、课上授课讲解和师生互动、课后的作业试卷批改，通过知识讲解过程和与学生互动的过程，实现对学情的诊断，这种诊断是传统教育中教师的高频工作。

但学业诊断本身太过依赖教师的教学经验和教学时间，如果教师不具备丰富的教学经验，或者与学生互动的时间短或频次过低，那么就无法给出科学的学业诊断。依靠人工智能技术，在上述课前、课中和课后的环节都可以收集足够多的学生数据，并根据这些数据完成针对每个学生的学业诊断和个性化提升计划，避免了教师因为时间有限而无法顾及每个学生的问题。

7.2.6 机器人助教

机器人助教是人工智能在教育领域的又一个重要应用场景，在 5G+AI 技术的支持下，机器人助教可以在课上课下满足学生多方面的学习需求。

比如，在语音方面，机器人助教能够在语音识别、语音合成和输出方面发挥作用，在语文、英语等学科上能帮助学生纠正发音、领读课文等；在视觉技术上，机器人助教可以通过人脸识别技术，统计分析每个学生在学习过程中的实时信息，并形成供教师参考的学情数据。

随着机器学习和深度学习等技术在教育行业中的应用，未来的机器人助教将不仅局限于课堂上的教学辅导工作，而且可以满足其在课堂学习、课后复习、校园生活、心理健康等多个方面的需求。

通过人工智能技术的植入，流利说英语在多个方面为英语学习者提供了更好的学习体验，主要体现在语音数据库方面和语言练习环境方面。

语音数据库方面，流利说英语已经通过人工智能技术建立了巨型的"中国人英语语音数据库"，截至2020年12月31日，已累积记录大约39亿分钟的对话和524亿句录音。语音数据库的建立可以辅助英语口语评测、写作打分引擎和深度自适应学习系统的建立，让AI老师更好地与学习者进行互动，大大提升学习效率。

语言练习环境方面，直播课AI老师Alix为语言学习者打造出更具针对性、更具互动性的对练模块，还可以提供更为理想的沉浸式语言环境。

（以上内容据泡泡网综合整理）

在5G+AI技术不断推广落地的前提下，未来人工智能将会与其他新技术进行深度融合，产生全新的教育场景，例如AI与AR/VR技术相结合的虚拟化教师等，在这些全新的教育场景中，各种新技术、新应用、新场景将进一步对5G+教育进行升级。

7.3 人工智能尚不足以替代教师

2015 年，托马斯·达文波特在《哈佛商业评论》刊文《超越机器人——人类保持竞争力的 5 剂药方》，在开篇就提到了人工智能对于人类的威胁：

似乎是突然间，各行各业的人都开始关注自动化的发展。这是理所当然的：除非我们能给被机器取代的人安排其他工作，否则，经济衰退、青年失业以及个人身份认同危机等一切源自失业的社会及心理问题都将加剧。由于机器在对认知能力要求较低的岗位上取代了人，人类便退守至知识型工作这块高地。然而在可预见的未来，正如咨询公司 Gartner 分析师奈杰尔·雷纳（Nigel Rayner）所言，"现在管理层做的许多事情都将实现自动化。"

在托马斯·达文波特说完这段后的几年里，我们发现越来越多的工作和行业正在被人工智能全面取代：

深圳富士康龙华科技园的"熄灯工厂"里，从自动上料、零件加工、智能补正、自动检测到智慧物流的完整生产流程均由机器人自主操作，可实现关灯状态下的全自动化作业。

在上海特斯拉的超级工厂中，特斯拉汽车的金属件冲压、焊接、喷漆、组装几乎都是由几百台产线机器人完成的。

在教育行业也存在着类似的疑虑，关于教师是否会被人工智能取代，已经是一个几十年来不断被提及的话题，只不过伴随着人工智能更加深入地介入教育教学的过程中，这个话题也再次引发了人们的讨论。

7.3.1 工业化教育与人工智能的融合

在相当长的一段时间里，我们的教育模式有非常明显的工业化特点。

首先，学校制定了既定的教学内容和明确的教学大纲。对于不同年级和不同学科都制定了相应的学习内容，教师要做的就是按照教学大纲完成教学计划，学生要做的就是按照既定的教学内容取得好成绩。

其次，学校设置了定期的考试，比如期中考试、期末考试以及升学考试。

最后，为了方便校园管理和教学管理，对于教师和学生往往采用标准化管理。

这种教学模式虽然可以让学生尽可能高效率地提高学科素养，但是整个过程都类似流水线上的装配工人，部分学者又称之为"工业化教育"。

在 5G+AI 与教育融合之后，人工智能在越来越多的行业内起到解放人力的作用，以后可能完全不需要通过教育来培养拥有某项技能、从事某种工作的生产者，以生产为目的的人才培养模式所建立起来的工业化教育模式已经无法抵挡人工智能的冲击。

这只是人工智能带来的社会生产变革的冰山一角，但从目前人工智能所能解放的生产工种来看，虽然人工智能可以完成汽车制造的绝大部分流程，但可以肯定的是，人工智能并不适用于需要丰富创造力和想象力的行业。

1. 人工智能可以处理流水线的工作，但并不擅长处理需要思考的复杂状况；
2. 人工智能可以统计和分析数据，但对于数据的解读还需要靠人工执行；
3. 人工智能可以处理纯理性的事务，对于感性的事务往往不擅长；
4. 人工智能不适用于需要创造力、想象力的情况。

从目前人工智能与教育的融合情况来看，人工智能已经在很多教学场景中找到了自己存在的价值和应用点，通过人工智能帮助学生和教师完成对教学资源的知识点分析、总结和个性化推送，可以大大减轻教师的教学负担，实现对学生有的放矢地辅导。从实际应用上来看，教学过程中的某些标准化工作已经可以被人工智能所取代，比如批改作业试卷、纠正发音、主观题评分、习题智能推送等，在对海量数据进行分析总结后，人工智能不仅在标准化工作方面的工作效率远超人类，在智能化推荐和个性化定制方案等方面的工作水平也要超出人类。

单凭以上进展，我们还无法判断人工智能是否能取代教师的角色。一方面，这取决于人工智能在未来的发展水平、技术能力和应用能力；另一方面，虽然在课程教学方面的部分工作可以被人工智能代替，但教师在学生的心理健康培育、"三观"建立、社交行为、情感发展等方面的作用，暂时还无法由人工智能代替。

人工智能首先应用在那些规则非常清晰的领域，比如围棋，但今天我们面对的是活生生的学生，我一直认为人是一个高度复杂的、混沌的系统，我们说的每句话都会对他的未来产生无限的可能。不论技术怎样发展，有一点不会变，即越来越强调人和人之间的相互影响。

（北京四中前校长刘长铭）

所以，在未来的教育行业，部分标准化的教育工作势必会逐渐被人工智能所替代，但教育中需要进行复杂思考、感性思考和创造力的部分，还需要由相关的教育从业者进行，人工智能尚不足以完全代替教师的角色。

7.3.2 人工智能无法满足的教育需求

从目前来看，人工智能也存在着部分尚未解决的问题，在实际应用中也会受到用户的质疑，主要包括以下几个方面。

1. 人工智能无法进行人文道德层面的教育

目前，应用于教育行业的人工智能主要集中在技术层面，以技术手段解决教师和学生在教学过程中的问题，在这种工业化教育的过程中，人工智能只能关注到理性主义的科学技术层面，而无法实现人文道德层面的教育教学。

但教育的第一要义应该是全面充分地体现以人为本的精神，人工智能无法从精神层面实现对学生的道德熏陶和言传身教，而仅仅是机械性地进行理性主义教学。

2. 人工智能的精准程度过分依赖大数据支撑

人工智能的精准程度主要依赖于学习主体在课堂行为中产生的海量数据，一般情况下，这些数据以更加宏观的总体特征呈现在教师和校方管理员面前。但在某些情况下，这些数据可能会由于个体差异、偶然行为和特殊情况等因素与真实情况产生偏差，进而对之后的教育决策产生影响。

在教育行业也是如此，如果人工智能获取和分析的教育数据出现偏差，或者人工智能对于海量数据的分析结果出现了纰漏，那么极易导致后续一系列决策的失误，尤其是在学业分析和教育评价等带有主观性的教育工作中，依然要靠教师和校方管理人员做最终决策，而不能单单依靠冷冰冰的数据来做判断。

3. 大多数人工智能缺乏结构化数据

人工智能作为一项新兴技术，目前在教育等行业展开大规模应用的主要障碍在于缺乏足够的结构化数据来进行研究。

以教育行业为例，人工智能的研究需要借助不同年级、不同学科、不同教师在日常教学中积累的海量行为数据，但由于用户隐私和信息传输等方面的限制，这些海量数据很难以标准化的方式给到人工智能的研究者手里。

目前用于人工智能研究的教育数据主要是线上教学所收集的行为数据，但这部分数据存在着数据类型单一、用户规模较小、无法反映真实教学场景等问题，很难通过这些数据进行下一步的机器学习和进化。

4. 人工智能与学生的课堂互动过于刻板

从教育的本质来说，教育是人参与的活动，教育的发展就是人本身的发展，基于互动的教育能赋予人的发展以崭新的意义。也就是说，教师与学生在课堂上的行为是带有个人情感的教学互动行为，没有互动的教学过程无法实现学生的发展。

目前，由于技术层面的原因，人工智能还无法与学生进行完全的自然语言交流，处于对客观问题一问一答的阶段，以知识信息的单向输出为主，更无法像真实教师一样可以观察学生的课堂表现和情绪情感，针对性地进行引导沟通，实现循环往复的教学反馈和调整。

5. 人工智能无法摆脱工业化教育的思路

工业化教育的主要特征就在于在既定的教学内容基础上，由既定的人用既定的模式向学生传输既定的知识，学生通过机械记忆完成对学科知识的学习，并在考试中取得对应的结果。

人工智能的出现让上述工业化教育变得更加高效，通过人工智能和大数据技术的应用，可以在更短的时间内批量生产具有某种技能或知识的学生，在教学方法和形式上出现了一些革新，但教育内容和教育目标并没有发生实质性的变化。在这个过程中，学生并没有锻炼出解决问题的能力，也无暇顾及创新性的发展，只是根据人工智能的引导，更加高效率地扎进书本和试卷里，不用关心为什么要学习，学这些有什么用，只需要最后通过考试检测，掌握技能或知识。人工智能的应用不仅没有摆脱工业化教育的思路，而是提高了工业化教育的工作效率。

从这个角度来说，人工智能还未能达成更高层次的使命，目前只是在工业化教育的框架下进行更高效率的机械化生产教育。

虽然现阶段的人工智能还存在着一些问题，但通过前期的应用，我们已经看到了人工智能在改善教学过程方面的优势：教育过程从数字化到数据化，教学行为也可以更加精确地被记录和统计；教育评价从粗放化到细节化，在海量数据分析的基础上做出更加全面的学业诊断和教育评价；教育形式从普适化到个性化，人工智能根据每个学生的学习情况来因材施教；教育决策从经验化到科学化，使教育主管单位在决策时有据可依。随着人工智能技术在教育领域的深入应用，5G 信息技术和教育将会进一步地融合创新发展，为学校、家长和教育主管部门提供更加智能化的教育服务。

虚拟助教、智能陪练……这些黑科技也太懂学生了吧

在 5G 时代，人工智能与教育的结合发展对于科技厂商和用户来说，都是大势所趋，双方都希望借助 5G 通信网络技术，赶在下一个风口来临之前做出好的智能产品、体验实用的智能产品。

对于科技厂商来说，在5G教育领域投入了大量的资金和人力，希望通过人工智能重塑在线教育格局，在语言学习、课外辅导、课堂教学等多个方向进行了课程资源和人工智能算法的研究。

对于教师和学生来说，传统教育以老师为核心，以黑板和粉笔为主要教学工具，在过去相当长的时间里都没有进行过教学模式的更新迭代，即使教学硬件设备会随着科技的进步而升级，但是整体教学过程还维持着教师单向输出信息的教学方法。在智慧教育阶段，更加倡导以学生为中心，激发学生自主学习的兴趣，学生不受时间和空间的限制，根据自身的实际情况选择所需学习的课程。通过互联网可以获取优秀的教学资源，辅以人工智能工具来进行学情分析和资源推荐。

从应用方面来看，人工智能在教育行业主要包括自适应学习、虚拟学习助手、智能推荐、学情分析、教育决策等方面，在替代教师重复性工作方面，虚拟学习助手已经有相关的产品进入实际应用阶段，并在很大程度上降低了教师在日常教学过程中的压力。

虚拟学习助手可以为学习者提供问题答疑、学习互动、课堂助教等服务，通过为学生提供标准化服务，减少教师的重复性工作，同时可以获取大量结构化的用户数据。一般来说，虚拟学习助手的产品类型包括以下几种。

1. 虚拟助教

虚拟助教指基于语音识别和语义识别技术，为学生提供难题答疑、课程辅导等教学辅助工作的产品，这些原来由助教来完成的工作多为重复性的工作，可以由人工智能进行处理。

2021年5月20—23日的第五届世界智能大会上，腾讯教育聚焦校园安防、教学、考试、家庭辅导等教育核心场景，展出腾讯智能校警、腾讯精准教学、腾讯AI考试、腾讯体能家庭训练等多个产品解决方案。

其中虚拟助教基于腾讯的语音识别、自然语言处理、图像识别等通用AI能力，在学生课后遇到难题的时候，可以实现一键解答功能。还可定制学生们喜欢的老师形象，并搭配专属动作，为学生提供随时随地的辅导，有效减轻老师的课堂前后的教辅压力，提高教学效率。

（以上内容据中华网综合整理）

除了为学生提供课程辅导之外，虚拟助教还可以在远程教学等场景中维持课堂秩序、纠正学生不良学习习惯，充当课堂管理的角色。

2021年，基于AI视觉识别技术，作业帮直播课在"小组直播间"上线了手势识别、距离检测、专注力检测、离席检测等一系列功能，在AI识别的基础上，帮助直播教师增加课堂互动性，提高教师与学生的互动频次，帮助学生提高学习专注度和学习效率，也避免了一些不良学习习惯的产生。

在传统的双师课堂和大班直播课上，主讲老师需要同时面对数千名甚至上万名学生，因为精力有限可能会出现"即时反馈缺失"等问题，而辅导老师则需要同时负责一两百名学生，同样很难及时注意到每一名学生是否出现"走神""距离屏幕过近"等问题。

为了解决此类问题，切实提高课堂效率和互动性，手势识别、距离检测、专注力检测、离席检测等一系列功能上线后就得到了家长和学生的一致认可。

对于家长用户而言，其比较关注孩子在观看直播课时是否距离屏幕过近，对此需求，AI系统可以判断孩子眼睛与屏幕的距离，一旦屏幕距离小于规定参数，学生端便会弹出文案警告，直至坐姿矫正后，警告才会消失。

对于学生用户而言，可以借助 AI 系统在听课过程中与教师和同学展开更多的互动行为，例如听懂了教师的讲解内容，只要对着摄像头比个"OK"的手势，屏幕上就会显示一个"OK"的手势；同学答对了问题，可以对着摄像头竖起大拇指，屏幕上就会显示点赞的手势。诸如此类的行为识别技术可以帮助老师在教学场景中与学生有效互动，提高直播课堂的活跃程度。

（以上内容据《潇湘晨报》、金融界等综合整理）

2. 智能陪练

对于一些需要在课后进行反复实践和练习的科目，智能陪练在不同学科中发挥的作用也不尽相同。比如在体育教学中，需要在智能硬件的辅助下进行重复的训练，而在英语等语言学科中，则是通过语音识别、自然语言处理进行反复的练习。智能陪练可以帮助学生在缺乏专业陪练的情况下，借助人工智能的力量提高自身的知识水平或训练水平。

在人工智能与计算机图形学的基础上，相芯科技自主研发了语音动画合成技术（STA），并成功上线"虚拟外教"产品，为学生带来标准化的口语学习体验、标准的发音示范，可以更敏锐地发现学生的发音错误，帮助学生随时随地利用碎片时间学习。

当计算机获取语音或者文本中的内容信息后，虚拟外教可通过计算机图形学合成技术对虚拟形象的面部进行驱动并融合，从而实现表情还原。

由于英语口语需要长时间反复的练习，虚拟外教可以将真人外教从枯燥的、重复的口语练习教学中解放出来，从事更加具有创造性的复杂教学。

与真人外教相比，虚拟外教也同样具有丰富、自然的面部表情，无论是示范单词的发音还是诵读长句，学生都可以看到与真人外教一致的面部变化，并跟着单词语句的发音，进行模仿练习。同时，虚拟外教还可以为学生带来场景化教学。相芯科技所提供的 STA 技术自带多种虚拟形象，并可根据实际需求增设，以适配多种生活中的场景。比如，在运动场景中，虚拟外教可以变身为教练，让学生学习羽毛球、篮球、足球等多种运动及相关的英语词汇和知识，制造更多的英语记忆点，帮助学生在轻松、乐趣的氛围中进行英语学习，提高学习效率。

（以上内容据砍柴网、相芯科技官网等综合整理）

3. 专家系统

专家系统是早期人工智能技术的一个重要分支，主要用于模拟某个领域的专家，以解决相应的复杂问题。目前，专家系统已经成为人工智能中的重要应用领域，它实现了人工智能从理论研究走向实际应用、从一般推理策略探讨转向运用专门知识的重大突破。专家系统拥有的不是静态的、固定的知识体系，而是可以进行综合分析的、动态更新的知识体系。

例如批改网为学生提供自动批改英语作文的服务，并不是基于固定的产品内容和结构，而是基于语料库和云计算技术所进行的综合性批改服务，可以给出作文的分数、评语以及按句点评，从而提高学生的英语写作能力。

虚拟学习助手只是人工智能应用于教学场景的一个缩影，不管是线上教学还是线下教学，人工智能技术可以通过大量用户行为数据对学生进行听课行为、学科发展、知识点辅导、习题推荐、综合素质等多方面的综合分析，预测学生在学习过程中的行为趋势并帮助教师制定策略，制定适合每个学生的发展规划，让每个人在最擅长的领域中充分发挥才能，补齐学科学习中的短板。在此过程中，5G 通信网络的优势即在于其对于海量数据的传输存储和计算处理，高速率、低时延、大连接的特性可以让人工智能技术更加灵活地运用于教育行业。

第八章
5G 教育面临的挑战

- 8.1 传统教育如何适应 5G 带来的变化
- 8.2 如何避免 5G 时代的技术滥用
- 8.3 面向未来,5G 教育回归本质
- 案例 从粉笔、黑板到智慧教育,传统教育借 5G 东风实现蜕变

8.1 传统教育如何适应 5G 带来的变化

5G 通信技术对于各行各业的影响已经凸显出来，教育行业作为从 4G 时代就不断被新型教育模式所冲击的行业，在 5G 时代面临着更大的机遇和挑战。

目前我国的幼教、中小学教育、高等教育和职业教育还是以线下教育为主，在线上教育的冲击下，传统教育亟须突破自身的局限性，与 5G 通信网络、大数据技术、AR/VR 等先进技术进行融合，寻求更加适合未来学生发展的教育方式。

8.1.1 传统教育向智慧教育转型的特征

从发展路径来看，传统教育正在经历由线下教育向智慧、教育转型的发展阶段，在教学资源、教学模式、教学互动等多个方面呈现出以下特征：

教学资源方面，传统的线下资源会逐渐向线上资源进行转移，由教育主管部门组织优秀的学科教师和教育专家制作在线资源，或采用双师课堂和远程教学的方式进行课堂教学，实现不同区域之间的教育资源均衡化。此外，5G 网络可以支持高清教学视频的存储和传输，加上 VR/AR 眼镜等多种智能终端的使用，能帮助学生获取更加多样化的沉浸式教学体验，提高教师的教学效率和学生的学习效率。

教学模式方面，5G+教育将给传统教育带来极大的冲击，相对于4G时代录播视频为主的"教师—资料—学生"的教育模式，5G+教育已经非常接近"教师—课堂—学生"的线下教育模式，教师可以借助虚拟课堂、远程教育等教育方式尽可能地模拟真实的教学环境，使用虚拟世界、高清同步视频等产品将授课信息远程传输给学生，实现对课堂教学过程的高度还原。

教学互动方面，在5G+教育的教学过程中，教师和学生依然可以沿用传统课堂的授课模式和互动方式，即使教育场所和应用场景发生了变化，教师依然可以通过其他方式展开教学并观察学生的学习状态。例如在双师课堂上，虽然主讲教师处于远程的一端，但依然可以通过视频同步传输等方式进行小组讨论和课程讲解，帮助学生答疑解惑。因此，只要5G+教育可以为学生提供沉浸式的学习体验，满足教师和学生对于课堂正常互动交流的需求，5G+教育在提高教师的教学效率方面就是具备一定优势，并且值得在线下课堂进行推广的。

8.1.2 传统教育向智慧教育转型的挑战

但与此同时，我们也应该意识到，在传统教育向智慧教育发展的过程中，也面临着不小的挑战。

8.1.2.1 教育欠发达地区基础设施不完备

从2016—2019年财政对教育的投入情况看，国家财政性教育经费支出在2019年已经突破4万亿元，年均增长8.2%；占GDP的比例为4.04%。在教育欠发达地区和山区的教育工程中，国家投入了大量资金用于教育设备的购置，建立了包括计算机网络教室、多媒体教室等在内的多种教学资源，帮助教师顺利开展信息化教学活动。

但是，还是有相当一部分学校的基础设施并不完善，在常规教学中使用高清摄像机、电子白板、远程网络教学设备的学校少之又少，电子图书馆和多媒体教室的建设力度也远远不够。

同时，这部分地区还面临着教学设备利用率低的问题，由于缺乏配套的应用产品和教学资源，部分教学设备在购置之后处于闲置状态或没有发挥应有的作用，如电子白板仅仅用于投影，而没有成为学生建立概念并推理验证的学习工具。

随着 5G 通信技术的发展，后续会有更多的新技术和新教育场景需要基础设施和教育设备的支持，比如远程教学、VR/AR 课堂等，如果在信息化基础教育设施建设和更新上没有投入，势必会在 5G+ 教育的浪潮中处于落后地位。

8.1.2.2　教育理念有待转变，信息技术水平不足

2020 年《全国教育信息化工作专项督导报告》称："督导中发现，教育信息化对教育教学还未产生实质影响。部分教师特别是农村教师信息技术应用水平不高，教学模式、教学方法和教学组织形式没有根本性改变。一是部分教师在学科教学中应用信息技术不多；二是绝大部分教师仍处于信息技术的浅层次应用阶段，部分教师仅注重信息技术应用形式，缺乏对有效融合的教法、学法的深入钻研，导致信息技术应用收效还不明显。"出现这种情况的主要原因在于教师的教育理念和信息技术水平有待提高。

1. 教师的教育理念需要跟得上教育信息化建设的发展

传统教育中，教师是课堂的主要引导者，主要采取信息单向传输的方式进行授课。

但在 5G+ 教育中，学生成为学习的主体，教师主要进行合理的指导和辅助，利用各种信息化教学手段指导学生开展学习。但由于传统的教育观

念对于部分教师的影响颇深，一时之间难以适应 5G+ 教育的改变，造成了教学过程中信息化水平较低的现象。

2. 要提高教师的信息技术水平，需要加大培训力度

教育水平较为发达的地区中，教师的信息技术水平也相对较高，善于利用互联网通信技术、大数据分析平台、远程直播等手段开展教学，而教育欠发达地区的教师在利用信息技术开展教学方面可能没有接受过系统的培训，或者仅了解表层的信息技术使用，未能在教学活动中灵活掌握和使用，导致信息技术无法深度参与到教学过程中。

国务院教育督导委员会办公室在《全国教育信息化工作专项督导报告》中明确指出：将信息技术应用水平纳入考评体系。绝大部分省份明确规定"将教师信息技术应用水平作为教师资格认定、资格定期注册、职务（职称）评聘和考核奖励等的必备条件，列入中小学办学水平评估和校长考评的指标体系"，推动教师在课堂教学和日常工作中有效应用信息技术。

8.1.2.3 学生面临来自海量信息和碎片化信息的挑战

在传统的教育中，考试大纲和教学大纲明确了课堂教学中所要完成的任务，教师需要开展的教学活动是相对有限的，学生需要学习的知识也是相对固定的，教师和学生只要反复学习和练习考试大纲中要求掌握的知识点，一般就可以通过考试。

但在 5G+ 教育的时代，包括知识在内的所有信息都在呈指数式增长，对于不具备去芜存菁能力的学生而言，是一个巨大的挑战。

1. 海量信息对学生知识学习体系形成冲击

学生需要从海量信息中甄别有用的信息，避免被垃圾信息占用学习时间和精力。

2. 学生需要整合碎片化信息，将其归纳总结到自己的知识体系中

碎片化学习在 5G ＋ 教育时代的出现是时势使然，由于各种智能终端设备在 5G 时代的教学中发挥越来越重要的作用，智能手机、平板电脑等移动终端也成为常见的学习工具。基于智能终端的学习有助于学生合理利用碎片化时间，提高学习效率。

但必须意识到的是，由于智能终端和在线教育的特征，学生在接受教育时，极易形成点状学习，导致各学科知识点之间的割裂，将原本体系化的知识碎片化，进而导致学生无法从宏观整体的层面建立知识体系，而是接受了零碎的知识点。

3. 中小学生需要抵御在线游戏、搞笑视频等娱乐方式的诱惑

受新冠肺炎疫情影响，2020 年有大量中小学生借助智能终端上网课，随之出现的则是"网课玩游戏"的新闻。截至 2020 年 6 月，国内网民规模达到 9.4 亿人，其中学生群体占比为 25.4%，而 12~16 岁的青少年作为网瘾高发人群，在使用智能终端学习时，难免会受到在线游戏等娱乐方式的诱惑。如何在合理利用智能终端学习，也是对学生群体的一大挑战。

8.1.2.4 重智育轻德育的教育行为存在扩大化的风险

2020 年 10 月，中共中央、国务院印发《深化新时代教育评价改革总体方案》，指出：坚持把立德树人成效作为根本标准。健全学校内部质量保障制度，坚决克服重智育轻德育、重分数轻素质等片面办学行为，促进学生身心健康、全面发展。

在传统教育中，教师与学生处于面对面交流信息的状态中，教师可以潜移默化地将德育融入教学过程中，而在 5G+ 教育中，学生和教师可能不具备当面沟通的条件，教师也不会专门开设课程进行德育品质的教导。虽然在教育场景上已经非常接近真实的授课环境，但是学生很难通过视频等

形式接受到教师在授课时所传递的德育教育，这一重要环节被淡化。

8.1.3 传统教育升级转型的重点工作

虽然 5G+ 教育对传统教育形成了一定的冲击，但在开展教育的过程中，不应因噎废食，而是应该主动融合传统教育和信息通信技术，坚持 5G+ 教育的模式创新和以人为本的导向，继续推进不同区域的教育信息化工作。

8.1.3.1 加大在基础教育设施上的经费资源投入

传统教育向智慧教育转型的首要条件是经费和资源的投入，在教育信息化建设进度相对落后的地区，需要在教育信息化基础设施建设方面加大投入，在经费和资源的配置方面优先考虑教育设施的建设。

另外，为了解决部分教师教育观念陈旧和信息技术水平不足的问题，也需要学校首先完善信息技术基础设施建设，在此基础上对教师展开培训。

8.1.3.2 建立教师专项培训机制，提高教师信息技术水平

教师的信息技术水平是影响传统课堂向智慧课堂发展的首要条件，如果教师本身不具备过硬的信息技术能力，对于先进的教育技术和智能设施一无所知，必然会在实际教学中尽量避免智慧教室的相关应用场景，传统教育向智慧教育转型也就成为一句空话。

首先，要建立教师专项培训机制，对于教育信息化程度较低的区域和学校，加大对教师的培训力度，针对不同教育信息技术水平的教师进行分批次、分层次的培训，针对性地遴选一批骨干教师作为培训标杆。

其次，丰富教师培训方式，发挥教师培训的主动性。通过集中培训、主题式培训、案例分析、在线培训、校本研修等多种方式展开培训，让教师根据自身情况有选择性地参加培训，提高自身的信息技术水平。

最后，加强教育信息技术在课堂教学中的实践应用，创造 5G+ 教育的应用场景，鼓励教师在课堂教学中积极使用教育信息技术，在实践中掌握数字化教学的方式方法。

8.1.3.3 以学生为教学主体，注重学生的个性化发展

在传统课堂中，已经形成了很多好的教学方法，比如以学生为主体开展课堂教学，鼓励学生互相讲解题目、分享学习经验等，这些对于提高学生的学习兴趣、梳理解题思路都有积极的促进作用。

在 5G+ 教育中，应当传承和发扬传统课堂中的优秀方法，利用信息化技术培养个性化发展的人才。借助 5G 通信技术、大数据、教育云平台和人工智能技术，为学生提供学业诊断、学情分析、智能助教等个性化学习服务。

教师在此过程中，应该预估在线教育可能给学习过程带来的弊端，并在教学过程中予以避免，例如在碎片化学习的弊端中，教师在展开线上教学时，应当借助在线工具，以流程图、矩阵图、概念图、思维导图、头脑风暴等多种方式帮助学生从整体知识框架入手，建立各知识点之间的逻辑关系，帮助学生建立知识点网络，避免知识点的碎片化和无逻辑化。

8.1.3.4 加大教育欠发达地区对平台资源的使用力度

2021 年 1 月，教育部等五部门发布《关于大力加强中小学线上教育教学资源建设与应用的意见》，其中要求：服务农村提高质量。加大农村地区特别是边远贫困地区学校对平台资源的使用力度，切实发挥优质教育资源共享使用效益，加快提升农村教育质量、缩小城乡教育差距，大力促进教育公平。农村薄弱学校特别是乡镇寄宿制学校和乡村小规模学校要针对师资方面存在的实际困难，充分利用平台资源，开足开齐开好国家规定课程，丰富学生学习生活。农村学校教师要积极利用平台资源组织好双师课

堂，既要主动学习观摩，不断提高自身教育教学能力；又要加强课堂教学组织和学生辅导，真正成为学生学习的组织者和引导者。

长期以来，我国部分偏远地区和山区教育信息化建设推进缓慢的主要原因在于尚未建立起优质教育资源的统一平台和使用机制，对于教育平台资源的利用率偏低。对此，在原有"三通两平台"的建设基础上，这些地区要利用平台资源组织好双师课堂和远程教育，建立起适合当地教师和学生使用的教育资源发展模式。

8.1.3.5 线上教学中注重全面培养

《关于大力加强中小学线上教育教学资源建设与应用的意见》提及中小学线上教育教学资源建设的基本原则之一是：要遵循学生身心发展规律和教育规律，以促进学生成长为中心，注重德智体美劳全面培养，创建更加适宜学生全面发展、满足学生多样化需求的学习环境。

在传统课堂与线上教学的融合过程中，教师不仅要提高智育的教学效率，同样不能放松德育和美育的教学。由于线上教学过程中，教师难以亲身向学生示范，那么在设计教学任务时，要积极为学生创造全面发展的线上教学环境，在关注智育的同时注重德育和美育在不同教学环节潜移默化的渗透，通过教学语言和课程设计，实现对学生的全面培养。

5G+教育的出现势必会给传统教育带来巨大的冲击，但与此同时，也给传统教育带来了加快创新改革的机会，双师课堂、远程授课等形式都可以将传统教育中积累的优秀案例和教学经验通过互联网进行更大范围的传播，让更多的教师和学生可以领略优秀教师的风采。

面对迅猛发展的5G+教育，传统教育要做到的不应该是坐视不理，而是积极与新型教育技术相融合，在迎接挑战和机遇的同时，完成传统教育向5G+教育的升级革新。

8.2 如何避免 5G 时代的技术滥用

当一项新技术投入市场时,往往会以迅雷不及掩耳之势渗透到各行各业,5G 通信技术也不例外,与其相辅相成的人工智能、大数据等技术自诞生之日起,就为工业、医疗、教育等行业带来了巨大变化,甚至对部分场景形成了颠覆。但在此过程中,也出现了大量的技术滥用问题,其中涉及的用户隐私、道德伦理等问题更是引人深思。

2018 年 5 月,杭州某中学引进"智慧课堂行为管理系统",实时统计分析学生的面部表情和行为,可以识别高兴、反感、难过、害怕、惊讶、愤怒和中性七种表情,以及阅读、书写、听讲、起立、举手和趴桌子六种行为。

2019 年 9 月,某大学在教室试点安装人脸识别系统,除了自动识别学生的出勤情况,还全程监控学生在课堂上的听讲情况,能识别学生在课堂上抬头低头了几次,是否在玩手机,是否闭眼打瞌睡等。

2019 年 10 月,浙江金华某小学采用一种脑机接口头环,通过监测脑电波看学生上课时是否"走神",并为学生的注意力情况打分排名。

(以上内容据新华网、澎湃新闻、天眼新闻等综合整理)

诸如此类的新闻报道让人们对于人工智能等新科技的使用都保持谨慎的态度,尤其是人工智能、大数据、AR/VR 等之前从未在教育行业中大规模应用的技术介入教育行业后,对于学生的课堂学习产生什么样的效果,都还处于摸索和论证的阶段。

对于上述智能头环的案例，华东政法大学人工智能与大数据指数研究院院长高奇琦教授表示："这是有很大问题的，人工智能如果由手段变成了目的，在教育中滥用或过度使用，其教学效果可能适得其反，会产生副作用，造成负面影响。""要考虑在使用中对学生的成长是否有利，如果学生戴了头环有了'被监控'的心理压力，长期佩戴可能导致心理不健康。而这个是最根本的问题，如果心理不健康，那教育的目的是什么？"

针对人工智能在校园中应用不当的现象，教育部科技与信息化司司长雷朝滋表示："人脸识别进校园，既有数据安全也有个人隐私问题，我们要加以限制和管理。现在我们希望学校非常慎重地使用这些技术。"

这些都引发了人们对于人工智能、人脸识别等技术应用于校园中可能存在的问题和隐患的思考。

8.2.1 技术滥用降低学生自主探索积极性

近年来，智能手机和各类教育 App 引发了人们对于教育技术应用滥用的广泛讨论。以拍照搜题软件为例，虽然可以有效减轻家长辅导孩子做作业的压力，但对于中小学生而言，其本身在学习中相对缺乏自制力和主动性，如果长期使用搜题软件容易形成依赖，降低自主解答难题的主动性，不利于培养独立思考的能力。由于智能软件成为学生抄作业的"帮凶"，作业也就丧失了检测学习成果的作用。因此在教育部印发的《关于进一步减轻义务教育阶段学生作业负担和校外培训负担的意见》中，也对拍照搜题类产品做出了相关规定：线上培训机构不得提供和传播"拍照搜题"等不良学习方法。

从产品技术来说，此类软件并没有值得诟病的地方，通信网络技术、图文识别技术和人工智能的结合为解决疑难问题提供了新思路，但从实际应用而言，产品开发商在开发相关产品时并没有考虑到可能存在的实际操作风险和道德伦理风险。

8.2.2　泄露用户隐私的信息安全隐患

5G 的海量连接特性支持智慧校园可以承载更多的物联网设备，进而收集学生在校期间各个维度的行为数据，例如在入校无感考勤时可以采集学生的人脸、体温等生理特征，并与所在的年级、班级、姓名、性别等基础信息相匹配。学生佩戴的电子手表可以采集学生的行动轨迹、心跳频率、肺活量等健康数据，进而检测学生在身体素质和健康方面是否存在问题。

智能终端和应用软件的规模使用让更多学生享受到了更加快捷方便的校园生活，但在校园平台上存储如此之多的学生数据，也带来了安全隐患，如果在数据安全方面的措施不到位，造成学生数据泄露，就极有可能造成极差的社会影响，引发社会公众对于智慧教育本身的质疑。

近年来，随着个人信息价值对于企业的吸引力不断增加，信息泄露风波频繁出现，学生信息被冒用、泄露的事件时有发生，其根本原因在于学校信息系统中存储了大量的学生敏感数据，但在用户隐私方面的保护工作做得不到位。

8.2.3　人工智能的权限边际无法界定

在第七章中，我们着重介绍了人工智能对于教育教学过程的辅导和帮助，毋庸置疑，未来一段时间，人工智能技术将会更加深层次地融合到教育教学过程中，但是人工智能在教学的过程中到底应该扮演一个怎样的角色，还存在一定的争论。

例如有 AI 机器人在部分学科教育的教学效率已经超过了传统教师，

是否应该赋予 AI 机器人更多的教学权限？而随着 AI 机器人教学权限的扩大，是否会取代传统教师的地位？如何确定 AI 机器人提高学生学习成绩的标准？AI 机器人又如何帮助学生完成德育和美育的工作？

这些问题都是人工智能技术落地过程中遇到的现实性问题，教师和教育主管部门会对相关技术存在一定的疑虑，他们无法界定技术的权限边际，自然也不敢冒险让技术在教学过程中承担关键的角色。

因此，在各种高新技术与教育行业的融合过程中，先进的技术只是实现教学目标的手段，如果让技术凌驾于伦理道德之上，就极有可能导致人力不可控的负面影响。

未来的教育模式将逐步实现人机协同的高度智慧化，5G、语音识别、图像识别、VR/AR 等技术用得好，势必可以提高教师的教育水平，提升学生的学习能力，但如果使用不当，则会让教育陷入"数据化"的怪圈，教师通过应用软件看到数据，依赖软件进行教学，只关注学生在知识点掌握和考试成绩方面的数据变化，而不去深入地探究学校教育的本质。

在传统教育向 5G+ 教育过渡的期间，我们更加要注意在教育与信息技术的融合过程中一定要体现出"以学生为主体"这一基本原则，切不可让各种炫目的高新技术喧宾夺主。

在教育和信息技术的融合过程中，我们可以利用各种技术创造出不同于传统教育的、更加有利于学生自主思考、自主探索知识的应用场景，充分激发学生的好奇心和求知欲，发挥学生的主观能动性和学习积极性，使得学生将他们获得的知识与实际问题和客观事物结合起来，让学科知识不仅仅是"纸上谈兵"，从而让学生在加深理解的同时做到学以致用。

除此之外，新兴技术应用于校园教育活动之时，也需要教育部门和科技部门的监管和认可，对于大规模使用的应用产品更要经过技术能力和社会伦理的双重核验，从监管层面确保 5G 时代的教育信息技术不会被滥用。

8.3 面向未来，5G 教育回归本质

对于未来的 5G+ 教育形态，人们有着太多的畅想和解读，这些畅想解读往往围绕着 5G 通信网络和相关技术给教育形态所带来的变化而展开。

诚然，5G+ 教育会让教育教学的过程发生种种改变，进而提高教师的教学效率和学生的学习效率，但 5G+ 教育并不是对 5G 通信和相关技术的简单应用，我们要把重心向"教育"倾斜，突出教育的育人本质和人的主体地位，避免舍本逐末，混淆了教育的本质在 5G+ 教育中的地位。

马克思主义教育学认为教育是一种社会现象，是人类特有的活动。动物只拥有生命物质最基本的反应形式——刺激感应性和动物的心理，只有人才是有意识的。人能通过抽象的理性思维认识事物的本质和规律。

人类教育中无论是生产经验的传授，还是社会行为规范的教导，都不是产生于人的本能需要，而是人们意识到的社会需要，是在明确意识的驱动下产生的有目的行为。

教育是人类社会特有的传递经验的形式。借助语言文字的信息载体功能，不仅使人类的经验存在于个体系统之中，也可以让人类的经验存在于个体意识之外，脱离每个个体而独立存在；不仅可使人类获悉感官所及范围之内的经验，而且可超越时间限制和空间地域的阻隔，让全社会全人类的所有财富都可以传承。

马克思主义教育学关于教育本质的论述，从根本上确认了教育的主体只能是人类；教育是人类在明确意识的驱动下产生的有目的的行为，而技术不存在明确的意识驱动；实现教育的手段可以是包括语言、文字等在内的信息载体，但这些载体只是实现教育的手段，而无法成为教育的主体。

8.3.1 教育的主体是人，而不是技术

传统教育中始终认为"人才是教育活动的主体"，而当各种技术手段不断影响教育活动之后，开始出现"智慧教育的核心是信息技术"的观点，如果按照这种观点，信息技术成为智慧教育的核心，教师和学生成为附属，那么信息技术不仅可以代替教师在教育过程中的角色，也可以决定学生在学习过程中的行为，这明显是不科学的。

李祺在《论教育信息技术》中提出"教育信息技术的实践基础是信息资源、信息技术和人的智能。……是实现教育信息功能的方法和手段，是解决教育中有关问题的系统方法。"因此，教育信息技术是人类在教育活动中所运用的一切信息技术手段和方法的总和，是以人的智能为基础解决教育相关问题的一系列方法。教育信息技术的使用，可以帮助教师减轻在教育工作中的压力，但整个教育过程的主动权还是掌握在教师手中。

换言之，技术本身是不会拥有智慧的，也不可能独立支撑起智慧教育，无论是5G通信技术，还是人工智能、AR/VR技术，都是人类改变教育环境的结果，而不能作为单独的主体出现，只有人才能拥有智慧，才能是智慧教育的主体。

在线教育出现之前，传统课堂的教育方式始终是以人为本，以传递知识为主要任务，在4G网络催生的互联网教育时代，各种教育产品所承载的内容依然是教育知识。如果技术开始取代人类成为教育的主体，那就犯

了技术本位的错误，否定了人在教育中的主体地位，否定了人借助技术实现全面发展的既定事实。

因此，不管是在哪项技术占主导地位的时代，教育都不是以技术为本位，而是以人作为智慧教育的主体，以培育具备智慧的人为目的，只有人才是有意识的，只有人能通过抽象的理性思维反映事物的本质和规律，这是各个阶段教育形态的发展要求，也是马克思主义教育学所阐述的教育本质。

8.3.2 智慧教育是教育信息化的目的

在认识智慧教育本质的过程中，首先要明确智慧教育与教育信息化不属于同一个概念，智慧教育是依托 5G 通信技术、物联网、云计算、人工智能等新一代信息技术所打造的智能化、网络化、数据化的新型教育模式，而教育信息化是在教育领域运用现代信息技术来促进教育改革与发展的过程。前者是通过新一代信息技术所构建的教育模式，后者是构建教育模式中采用信息技术的过程，教育信息化的最终目的是构建智慧教育的先进模式。

在教育信息化出现之前，传统教育中蕴含着从古至今的教育智慧；在教育信息化出现之后，使用了信息化技术的教育也未必可以称之为智慧教育。

具体来说，我们不能把"智慧"的概念等同于"技术"；而使用了信息化技术的教育，也不代表学生一定可以获得智、德、美方面的智慧。技术归根到底是由人类创造，并且为人类的教育教学所服务的，如果在教学中采用了 5G 通信技术、物联网、云计算、人工智能等新一代信息技术，但依然没有让学生在智、德、美方面得到进步，那么也不能称之为智慧教育。

8.3.3 人工智能不等于人类智慧

最后一部分，我们来讨论人工智能与人的智慧之间的区别和联系。

在前文中，我们已经充分了解了人工智能对于智慧教育的促进作用，让 AI 机器模拟人类进行相关的数据统计分析和计算推测，在一定程度上可以减轻教师在机械性工作方面的压力。

但是，人工智能并不等同于人的智慧，它只是人类智能的物化形式，是人类借助代码、规则和应用程序所展现出来的智能工具，不具备人类的情感，也无法与人类进行深层次的情感交流，也自然不能与人类的智慧相提并论。

相较于人工智能而言，人类的智慧更加侧重于创造性、情感性和共情性，这些是人工智能无法做到的，因此人工智能是人们从事各项社会生产活动的工具之一。

马克思主义教育学认为现代教育是培养全面发展人的唯一方法，只有坚持"以人为本"的教育观才能推动教育在深度和广度上不断向前发展。因此，发展智慧教育的本质是为了发展人的智慧，是通过 5G 通信技术、物联网、云计算、人工智能等新一代信息技术培育智慧的主体，只有坚持人的主体地位，才能推动智慧教育的不断完善和发展。

因此，智慧教育的本质是教师利用先进的技术，培养自由、自觉、自主的学生，使学生通过智慧学习实现个性解放和自由发展。

在智慧教育发展的过程中，教师要通过对先进技术的使用，实现智慧、人与技术的统一发展。技术是在人类智慧的基础上产生的，先进的技术又通过教育的方式发展人的智慧，两者在人的主体发展方面是和谐统一的。不同时代的教育通过不同的技术手段来进行，不同年代的技术又反映了当时的教育内容，两者的结合形成了人自由、自觉、自主的发展的基础。

5G+ 教育
5G 时代的教育变革

在未来的智慧教育发展过程中，可以预见到，以 5G 通信网络为核心的先进技术必将与智慧主体的培养在更深层次进行协同和融合，教育的本质不但不会被"技术本位论"所混淆，而且会加快人的发展。

> **案例** **从粉笔、黑板到智慧教育，传统教育借 5G 东风实现蜕变**

从 1977 年恢复高考以来，传统教育已经走过了将近半个世纪的历程，在这 44 年里，传统教育经过了多次的洗礼，也经历了各种教育技术和教育理念的更迭。

改革开放初期，教育的主要场所是教室，所采用的教学工具主要是粉笔和黑板，其中黑板还经历了木质黑板和水泥黑板的更迭。木质黑板的笔迹不清晰，水泥黑板不仅容易反光，而且还容易出现裂纹。在这个阶段，教师和学生克服了种种困难，积极开展教学和学习活动。

20 世纪 80 年代，毛玻璃黑板替代了水泥黑板，很快又被绿色钢制烤漆黑板取代。但以粉笔和黑板为主体的教学工具并没有发生改变，教师靠着这些教学工具，用言传身教的方式开展各种教学活动。

一直到 20 世纪 90 年代，包括投影仪、录像机等在内的多媒体工具才开始逐渐进入课堂，粉笔和黑板开始被投影仪和电子白板等多媒体工具所代替，实现了课堂教育信息化的第一次飞跃。

进入 21 世纪，教育信息化的进程更加迅速。2012 年开始的"三通两平台"建设，着力实现宽带网络校校通、优质资源班班通、网络学习空间人人通，建设教育资源公共服务平台、教育管理公共服务平台。实现了教育信息化基础设施建设新突破、优质数字教育资源共建共享新突破、信息技术与教育教学深度融合新突破、教育信息化科学发展机制的新突破。

近年来，以 5G 通信技术为代表的相关技术进一步促进教育教学方式发生变革，让不同区域之间的教育水平实现均衡化。《数字中国发展报告（2020年）》显示，截至2020年底，我国中小学（含教学点）互联网接入率从2016年底的79.37%上升到100%，98.35%的中小学已拥有多媒体教室。

在传统教育过渡到在线教育之初，教师和家长等用户群体是心存疑虑的，对于他们来说，课本还是那个课本，教育还是那种教育，除了把课堂上的授课内容上传到网络上了，其他的并没有什么区别。

但对于部分对优质教学资源有需求的学生和家长而言，在线教育的出现给了他们更多的选择，通过互联网的渠道，他们可以自主地筛选优质教学资源并开展学习，这在一定程度上打破了传统学校对于教学资源的垄断，给传统的线下授课带来了冲击。

在教育信息化全面开启的时代，教育领域将有大量的场景需要用到信息技术。简单来说，未来的教育模式只可能是以智慧教育为基础的模式，而传统教育只能不断接收新的信息化技术，并实现升级革新。

1. 传统教育实现升级，大数据技术先行

和其他行业使用大数据技术的场景类似，传统校园中也每天在产生大量的教学数据和生活数据，对于教师和学生而言，大数据在校园中最直观的使用是各种智能终端的介入。越来越多的学校开始采用电子学生证、电子腕表和智能校徽作为校园的通行证，校园内部也配置了具备各种功能的摄像头，帮助教师和校方管理员提高校园管理工作的效率。如果有需要，学校可以随时了解校园里任何一位老师和学生的行为轨迹，并根据这些信息进行分析，比如学校可以通过学生在校的行为轨迹预测活动期间可能存在的聚集点，从而避免人流密集存在的隐患；可以根据在食堂消费的频次和金额，为贫困生发放生活补助费。

贵州省贵阳市打造的智慧教育体系，着力于大数据在教育教学和管理中的创新应用，挖掘教育信息化价值。

例如，以改进和提升教育质量为核心，贵阳市教育局重点打造了教育质量监测与学业水平监测分析平台，运用大数据教育手段，对中小学德育、智育、体育监测等维度实施监测，形成区域质量常模和预警模型，对全市教育质量进行全面评估监测。截至目前，该教育质量监测平台覆盖了全市1000多所中小学。

例如，以精准资助为目标，贵阳市的学生精准资助监管平台的指纹与人脸识别认证系统可以掌握学生的在校动态数据，有效防控资助资金风险。

（以上内容据贵州省人民政府官网、贵州网络广播电视台等综合整理）

2. 新冠肺炎疫情之下，智慧教育成为教学常态

2020年是一个很特殊的年份，由于新冠肺炎疫情的原因，全国几乎所有的学校都通过网络技术、通信技术，借助手机、电脑包括平板电脑等终端开展线上教学，原本一直被传统校园视为洪水猛兽的网络科技开始大规模地为学校建设在线学习方案。

对于智慧教育而言，新冠肺炎疫情期间对于相关产品的使用，让教师深度了解了现代计算机技术、网络技术、通信技术、大数据分析对教育的影响，当这部分教师切身体会到直播、录播、在线测试、考勤打卡、学情分析等带来的便捷之时，才能从真正接纳智慧教育。

对于学校教育而言，智慧教育落地让原本很多在线下开展的教学活动转移到了线上，同时借助网络通信技术引入了更加丰富的教育教学形式，激发学生学习的主动性和积极性。

对于教师而言，新冠肺炎疫情期间的教学活动更像是步入智慧教育的一次演习，部分学段的教师看到了智慧教育的魅力，部分学段的教师则通过教学实践积累了更多智慧教育的实操经验。

北京师范大学新媒体传播研究中心和光明日报教育研究中心联合发布的新冠肺炎疫情期间全国中小学教师的在线教育认可度调查报告显示，就平台使用、技术接受度对在线教育认可度的影响关系而言，教师对在线教育技术的接受度与在线教育认可度之间存在显著的正向关系。学段上，初中教师对在线教育的认可度最高，地理空间上，直辖市市区和省会城市郊区教师对在线教育的认可度最高，学科上，物理、化学、政治教师对在线教育的认可度最高。

主要是由于前期智慧教育和翻转课堂等新型教学形式多集中在初中阶段，初中教师身处智慧教育替代传统教育的前沿阵地，对于相关的信息技术也了解得更为透彻，所以在"停课不停学"的线上教学中，初中阶段的教师无论是教育理念，还是技术运用、课堂教学操作模式上，都有比较充分的心理准备和实践经验，可以迅速进入在线教育的状态，因此对在线教育的接纳和认可度较高。

2020年2月17日，原本是中小学开学日，但因为新冠肺炎疫情导致春季学期延期开学，北京市的中小学生开启了"线上指导，线下活动；偶用网络，重在调动；重构集体，鼓励交流；多维沟通，缓解焦虑"的在线学习新模式，通过微课堂、学习包、课程超市等方式积极开展学习。

（1）微课堂

对于中小学生而言，游戏、项目式的微课堂可以培养学生的自主学习能力。学生通过网络先线上学习基本原理和知识，再线下进行进一步探究，线上视频的基本长度在6、7分钟，最长的也不超过10分钟，老师则会同步在线答疑。

(2)学习包、课程超市

学习包是学校为中小学生学习活动推出的小工具,里面包含"学习安排""附件""资源""综合活动"。部分学校还为学生设计了综合探究小任务,推出了"课程超市",学生可以按照兴趣选择感兴趣的课程学习。

以大兴区第二小学为例,学校为学生制定了校级、年级和班级的"学习建议单",在此基础上建议学生和家长共同制定学生居家学习生活方案,引导孩子学会有效分配学习时间,丰富学习方式,培养和锻炼孩子自主管理、自主计划、自主学习、自主监督、自主评价的能力,培养积极生活的意识。

(3)个性化服务

依据不同年级、不同类别学校学生的特点,基于不同的生活和学习主题,各个学校也对线上学习推出了针对性的举措。

朝阳区实验小学录制的微课为游戏、拓展、探究类的课程,包括文化空间、思维乐园、公益讲堂、英语世界、艺术长廊、劳动能手、体育达人七大板块内容,既涵盖了全学科内容,也实现了德、智、体、美、劳五育并举。

北京大学附属小学围绕"身体锻炼、旧知巩固、经典阅读、综合性学习"等,为学生的德、智、体、美、劳全面发展进行了细致的规划,学生每日必做的内容包括了体育锻炼、家务劳动、读书、收听或收看新闻、远望、做眼保健操等。

北京小学翡翠城分校在延期开学前对全校 2205 名学生做了问卷调查,分析学生的需求,按照学生年龄特点推荐相关的学习资源。例如学校四年级组就为学生提供了在家学习任务单。

(以上内容据中国网综合整理)

3. 升级智慧教育需要天时地利，也需要人和

对于大部分教师而言，一旦看到智慧教育对于教学活动的促进作用之后，会希望通过丰富的教学资源、高效的数据分析、智能的作业批改和高速的数据传输来提高教学活动的效率。

但是智慧教育的落地拓展并非有了技术支撑就万事大吉，它需要所有参与到教育活动中的用户更深入地挖掘智慧教育的智慧所在。

例如，在5G通信、大数据分析、人工智能等技术与教育的融合过程中，教师可以从烦琐的备课资料搜集工作中解脱出来，通过云平台的海量资源迅速完成备课资料的整理，将精力放在课程知识点的分析和学生作业的反馈工作上。或者在电子白板、远程授课端等终端设备的支持下，用小组合作学习或者远程协作方式，使用更加具备科技感的教学方式调动学生的积极性，结合大数据技术自动获取学生对知识点的理解情况。或者以素养为导向，从学习结果和学习过程等多个层面实现对学生知识、技能和素养的评价，借助个性化推荐等方式有针对性地布置学习任务。

智慧教育在技术能力和产品形态上已经实现了一定的突破，如何实现传统教育的升级蜕变，需要教师在教学过程中，继续贯彻以人为本的教育理念，善于在日常教学过程中利用各种先进技术和工具提高的工作效率，完成传统教育向智慧教育的升级。